개정판

러시아어 길라잡이

오정학·구지현 공저

русский язык

 백산출판사

차례

제 1 과 철자와 발음 ···································· 7

제 2 과 인사 ·· 23

제 3 과 что это? кто это? ···················· 33

제 4 과 소개하기 ···································· 47

제 5 과 날씨와 계절 ······························· 59

제 6 과 취미 ·· 75

제 7 과 가족 ·· 87

제 8 과 수 읽기 ···································· 101

제 9 과 건강 ······································· 121

제10과 감정표현 ·································· 137

제11과 질문과 대답 (I) ······················ 153

제12과 질문과 대답 (II) ····················· 165

제13과 감사와 사과 ···························· 183

■ 연습문제 해답 / 199

제 **1** 과

철자와 발음

제1과 철자와 발음

러시아어 철자 (рýсский алфави́т)

철자		명칭	유사한 한국음	발음
А	а	아	[ㅏ]	[a]
Б	б	베	[ㅂ]	[b]
В	в	붸	[ㅂ]	[v]
Г	г	게	[ㄱ]	[g]
Д	д	데	[ㄷ]	[d]
Е	е	예	[ㅖ]	[je]
Ё	ё	요	[ㅛ]	[jo]
Ж	ж	줴	[ㅈ]	[ʒ]
З	з	제	[ㅈ]	[z]
И	и	이	[ㅣ]	[i]
Й	й	이 끄라뜨꼬예	[ㅣ]	[j]
К	к	까	[ㄲ]	[k]
Л	л	엘	[ㄹ]	[l]
М	м	엠	[ㅁ]	[m]
Н	н	엔	[ㄴ]	[n]
О	о	오	[ㅗ]	[o]
П	п	뻬	[ㅃ]	[p]
Р	р	에르	[ㄹ]	[r]

철자		명칭	유사한 한국음	발음
С	с	에쓰	[ㅆ]	[s]
Т	т	떼	[ㄸ]	[t]
У	у	우	[ㅜ]	[u]
Ф	ф	에프	[ㅍ]	[f]
Х	х	하	[ㅎ]	[kh]
Ц	ц	쩨	[ㅉ]	[ts]
Ч	ч	체	[ㅊ]	[t∫']
Ш	ш	샤	[쉬]	[∫]
Щ	щ	시촤	[시취]	[∫'t∫']
Ъ	ъ	뜨뵤르드이 즈낙	(경음부호)	
Ы	ы	의	[ㅢ]	[y]
Ь	ь	먀흐끼 즈낙	(연음부호)	
Э	э	에	[ㅔ]	[e]
Ю	ю	유	[ㅠ]	[ju]
Я	я	야	[ㅑ]	[ja]

🌸 자음(согласные звуки)과 모음(гласные звуки)

1. 자음

☞ 러시아어 자음 철자는 모두 21개이며 성대진동유무에 따라 유성자음(звонк ие согласные)과 무성자음(глухие согласные)으로 분류되며, 조음위치에 따라 양순음(두입술소리), 순치음(입술-잇소리), 치음(잇소리), 치조음, 경구개음, 연구개음, 성문음으로 분류되고, 조음방식에 따라 장애음(폐쇄음, 마찰음, 파찰음)과 공명음(비음, 유음, 전이음)으로 분류된다.

1) 유성자음과 무성자음

(1) 유성자음(성대의 울림을 수반하는 소리)

철자		명칭	유사한 한국음	발음
Б	б	베	[ㅂ]	[b]
В	в	붸	[ㅂ]	[v]
Г	г	게	[ㄱ]	[g]
Д	д	데	[ㄷ]	[d]
Ж	ж	줴	[쥐]	[ʒ]
З	з	제	[ㅈ]	[z]
Й	й	짧은 이(이끄라프꼬예)	[ㅣ]	[j]
Л	л	엘	[ㄹ]	[l]
М	м	엠	[ㅁ]	[m]
Н	н	엔	[ㄴ]	[n]
Р	р	에르	[ㄹ]	[r]

(2) 무성자음(성대의 울림을 수반하지 않는 소리)

철자		명칭	유사한 한국음	발음
К	к	까	[ㄲ]	[k]
П	п	뻬	[ㅃ]	[p]
С	с	에쓰	[ㅆ]	[s]
Т	т	떼	[ㄸ]	[t]
Ф	ф	에프	[ㅍ]	[f]
Х	х	하	[ㅎ]	[kh]
Ц	ц	쩨	[ㅉ]	[ts]
Ч	ч	체	[ㅊ]	[tʃ’]
Ш	ш	샤	[쉬]	[ʃ]
Щ	щ	시촤	[시취]	[ʃ’tʃ’]

2. 모음 : 10개

☞ 모음은 경모음과 연모음으로 분류되며 각각 5개의 소리를 지닌다.

1) 경모음

☞ 입모양과 공기의 흐름을 통해서 소리를 내며 혀와 입천장 사이에 아무런 장
애가 나타나지 않는 소리

철자		명칭	유사한 한국음	발음
А	а	아	[ㅏ]	[a]
Э	э	에	[ㅔ]	[e]
Ы	ы	의	[ㅢ]	[y]
О	о	오	[ㅗ]	[o]
У	у	우	[ㅜ]	[u]

2) 연모음

☞ 경모음 소리 앞에 전이음 [j]가 혼합된 소리로서 혓등을 입천장(연구개)에
대었다가 떼면서 내는 소리

철자		명칭	유사한 한국음	발음
Я	я	야	[ㅑ]	[ja]
Е	е	예	[ㅖ]	[je]
И	и	이	[ㅣ]	[jy]
Ё	ё	요	[ㅛ]	[jo]
Ю	ю	유	[ㅠ]	[ju]

3. 분리기호 : 2개

1) 연음부호(мягкий знак) : ь

☞ 독립된 음가를 따로 지니지 못하며 결합하는 철자가 연음임을 나타낸다.

2) 경음부호(твёрдый знак) : ъ

☞ 독립된 음가를 따로 지니지 못하며 앞의 철자와 뒤의 철자를 분리시켜 발음
하게 한다.

🌿 발음규칙

☞ 러시아어의 자음과 모음은 위치와 강세에 의해 발음이 정해진다.

1. 자음 발음규칙

1) 어말 무성음화 규칙

☞ 단어 끝에 위치하는 유성자음은 대응하는 무성음으로 발음된다.

유성자음(11개) :	б	в	г	д	ж	з	й	л	м	н	р
무성자음(10개) :	п	ф	к	х	т	ш	с	ц	ч	щ	

예) б → п   хлеб → [хлеп],   лоб → [лоп]

в → ф   морко́вь → [морко́фь],   любо́вь → [любо́фь]

г → к   луг → [лук],   друг → [друк]

д → т   след → [слет],   заво́д → [заво́т]

ж → ш   нож → [нош],   рожь → [рошь]

з → с   арбу́з → [арбу́с],   моро́з → [моро́с]

2) 동화규칙(ассимиляция)

☞ 단어 내에 자음이 연속해서 두 개 이상 올 때 뒷 자음의 유성성 또는 무성성에 앞 자음이 동화되는 현상

예) та́кже → [та́гже]   따그쥐

подхо́д → [потхо́т]   빠뜨호트

съезд → [съест]   스예스트

второ́й → [фторо́й]   프따로이

всё → [фсё]   프쇼

3) 연음화 규칙(палатализация)

☞ 연음부호(ь)와 연모음(я , е , и , ё , ю) 앞에서 모든 자음은 연음화를 일으
킨다.

예) стол ↔ столь   스똘   스똘−

дом ↔ де́ти   돔   제찌

том ↔ телеви́зор   똠   찔리비저르

сон ↔ письмо́   쏜   삐시모

2. 모음 발음규칙

☞ 강세 없는 음절의 모음들은 약화된다.

☞ 러시아어의 강세 음절은 비강세 음절보다 3배 정도 강하고 길게 발음한다.

(1) 강세 바로 앞 위치의 모음 a, o는 짧은 a[ă]로 발음된다.

예) окно́   아끄노−

арбу́з   아르부−스

хорошо́   허라쇼−

она́   아나−

оте́ц   아쩨−쯔

Анто́н   안또−ㄴ

(2) 강세가 없는 그 밖의 위치에서 모음 a, o는 [ə]로 발음된다.

예) ма́ма   마−머

па́па   빠−뻐

ла́мпа   람−뻐

потоло́к   뻐딸로−끄

анги́на   안기−너

(3) 강세가 없는 위치에서 모음 e, я는 짧은 이 [ĭ]로 발음된다.

예) язы́к   이즤—끄

де́сять   제—시찌

преподава́тель   쁘리뼈다바—찔

прямо́й   쁘리모—이

🔥 발음연습

ба—бо—бу—бэ—бы,   ва—во—ву—вэ—вы,   га—го—гу—ге—ги

да—до—ду—дэ—ды,   жа—жо—жу—же—жи,   за—зо—зу—зэ—зы

ка—ко—ку—ке—ки,   ла—ло—лу—лэ—лы,   ма—мо—му—мэ—мы

на—но—ну—нэ—ны,   па—по—пу—пэ—пы,   ра—ро—ру—ре—ры

са—со—су—сэ—сы,   та—то—ту—тэ—ты,   фа—фо—фу—фэ—фы

ха—хо—ху—хэ—хи,   ша—шо—шу—ше—ши,   ча—чо—чу—че—чи

🎵 음절(слог)

☞ 러시아어 단어의 음절은 단어 내에 존재하는 모음의 수와 일치한다.

1) 1음절 단어(1개의 모음만 가지는 단어)

예) нос, дом, лес, стол, стул, рот, мел, дым, тут, там, здесь, кто, что, где, как, вот, хлеб, сын, дочь, мать, брат …

2) 2음절 단어(2개의 모음을 가지는 단어)

예) рука́, нога́, ла́мпа, кни́га, окно́, письмо́, тетра́дь, оте́ц, сестра́, па́лец, та́нец, язы́к, бу́ква, ты́ква, бана́н, слова́рь …

3) 3음절 단어(3개의 모음을 가지는 단어)

예) карто́фель, бума́га, ко́мната, хорошо́, каранда́ш, учи́тель, писа́тель, учени́к, уче́бник, ра́дио, слу́шатель, кварти́ра …

4) 4음절 단어(4개의 모음을 가지는 단어)

예) гости́ница, магнитофо́н, электро́нный, компьютерный …

5) 5음절 단어(5개의 모음을 가지는 단어)

예) преподава́тель, университе́т, фотогра́фия, общежи́тие …

🌱 정자법 규칙(правописание)

☞ 러시아어의 철자들 중 자음 г, к, х, ж, ч, ш, щ, ц는 자신과 결합하는 철자에 제한을 가한다.

1) г, к, х 및 ц 뒤에서는 연음부호(ь)를 쓸 수 없다.

2) г, к, х, ж, ч, ш, щ 뒤에서는 ы, я, ю를 쓸 수 없고 대신 и, а, у를 쓴다.

예) кни́ги (кни́га의 여성 단수 생격)

рýки (рука의 여성 단수 생격)

ти́хий (형용사 장어미 남성형)

жизнь (삶, 인생)

чýдо (기적)

óчи (눈)

шине́ль (외투)

плащи́ (레인코트)

3) 자음 ц 뒤에서는 и, я, ю를 쓸 수 없고 대신 ы, а, у를 쓴다.

예) цыга́н (집시)

цыплёнок (병아리)

сéрдцу (сердце의 단수 여격)

※ 외래어에서는 예외적으로 ц다음에 и가 올 수 있으나 그 발음은 ы이다.

예) револю́ция (혁명)

цита́та (인용문)

4) 자음 ш 다음에 오는 모음 о는 항상 강세를 수반하며 강세가 없을 때는 о 대신에 е가 온다.

예) большо́й − больша́я − большо́е − больши́е (큰)

хоро́ший − хоро́шая − хоро́шее − хоро́шие (좋은)

🌸 강세(ударение)

☞ 러시아어의 모든 단어는 강세를 지닌다. 강세는 모음 위치에 오며 강세 음
절은 비강세 음절보다 3배 정도 강하고 길게 발음한다.

예) окно́   아끄노ー

　　письмо́   삐시모ー

　　кни́га   끄니ー거

　　ла́мпа   람ー뻐

연습문제(упражнения)

1) 다음 음절들을 러시아어로 읽으시오.

ау, ай, ас, бой, бар, вор, воз, дым, дум, дуго

жизнь, зор, клом, круг, клем, кем, кот, ко́шка

лап, ша, теле, визор, кни́га, мада́м, ма́ма, нош

нас, от нас, орёл, осёл, пот, па́па, рука́, река́

сто, сон, слух, том, тут, там, у́гол, увы, у́хо

фи, гура, фон, тан, хам, худо́й, центр, цыга́н

ша́пка, шёл, шу́ба, щи, э́то, эм, блема, ю́бка

ю́ноша, я́ма, я́блоко, янта́рь, я́хта

2) 아래 자음들을 유성음과 무성음으로 분류하시오.

Б, В, Г, Д, Ж, З, Й, К, Л, М, Н

П, Р, С, Т, Ф, Х, Ц, Ч, Ш, Щ

3) 아래의 모음을 읽고 경모음과 연모음을 분류하시오.

А, Э, Ы, О, У, Я, Е, И, Ё, Ю

4) 아래의 영어 표기를 보고 해당 러시아어 철자로 옮겨 보시오.

dom, mama, papa, pisjmo, ruka, gazeta, kniga, lampa

5) 러시아어 자음 철자 중 유성음 철자를 모두 적으시오.

6) 러시아어 자음 철자 중 무성음 철자를 모두 적으시오.

7) 러시아어 모음 철자 중 경모음 철자를 모두 적으시오.

8) 러시아어 모음 철자 중 연모음 철자를 모두 적으시오.

제**2**과

인 사

제2과 인사

🎵 인사법

1. 만났을 때 인사법

Здра́вствуйте!	즈드라―스트부이찌	(일반적인 인사)
До́брое у́тро	도―브로예 우―뜨러	(아침 인사)
До́брый день	도―브르이 젠	(낮 인사)
До́брый ве́чер	도―브르이 베―치르	(저녁 인사)
Приве́т	쁘리볘―뜨	(친한 사이 인사)

* Здравствуйте에서의 첫 번째 자음 в는 발음되지 않는다.

2. 헤어질 때 인사법

До свида́ния	다 스비다―니야	(일반적인 인사)
Споко́йной но́чи	스빠고―이너이 노―치	(밤 인사)
Пока́	빠까―	(친한 사이 인사)
Проща́йте	쁘라샤―이찌	
Счастли́во	쉬슬리―버	
Всего́ до́брого	프시보― 도―브러버	
Всего́ хоро́шего	프시보― 하로―쉬버	

* всего의 자음 г는 в[v]로 발음된다.

3. 감정 표현

Спаси́бо	고맙습니다.
Извини́те	미안합니다. 실례합니다.
Óчень жаль	매우 유감입니다.

✿ 회화(разговор)

1) — Здра́вствуйте, Ми́на!

  — До́брое ýтро, Анто́н! Как дела́?

  — Спаси́бо, хорошо́. А у вас?

  — То́же хорошо́, спаси́бо.

  — До свида́ния, Ми́на.

  —До свида́ния, Анто́н.

  — 미나씨, 안녕하세요!

  — 좋은 아침이군요, 안톤씨! 어떻게 지내세요?

  — 잘 지냅니다, 고마워요. 당신은요?

  — 저도 잘 지내요.

  — 그럼 안녕히 계세요, 미나씨.

  — 안톤씨도 안녕히 계세요.

---

2) — Приве́т, Инсý!

  — Приве́т, Ни́на! Как дела́?

  — Непло́хо, спаси́бо. А как твои́?

  — То́же непло́хо, спаси́бо.

– Покá, Инсý.

– Покá, Нѝна.

– 인수야, 안녕!

– 안녕, 니나! 어떻게 지내니?

– 괜찮게 지내, 고마워. 넌 어떠니?

– 나도 괜찮아, 고마워.

– 다음에 보자, 인수야.

– 그래 다음에 보자.

새 단어 (новые слова)

как	(의문부사) 어떻게?
делá	일, 업무
как делá?	요즘 어떠십니까?
твой	너의(소유대명사, 남성 단수형)
спасѝбо	고맙습니다.
хорошó	좋다(부사)
а	그런데, 그러면(접속사)
тóже	또한, 역시(부)
неплóхо	나쁘지 않다(부)

🍵 해설

1) 친분이 두텁지 않거나 자기보다 손윗 사람과 인사를 나눌 때에는 Здра́вствуйте (안녕하십니까)를 쓴다. 이 경우에 헤어질 때 어울리는 표현법은 До свида́ния 이다. Здра́вствуйте라는 표현은 시간에 관계없이 만났을 때 사용되는 표현이며, 아침, 낮, 저녁 시간을 구분해서 인사말을 쓰고자 할 경우에는 До́брое у́тро (아침), До́брый день(낮), До́брый ве́чер(저녁)라는 표현을 사용한다.

2) 친한 친구 사이나 아랫사람에게 사용하는 인사법은 Приве́т이다. 이 경우 헤어질 때 어울리는 표현법은 Пока́이다. Приве́т라는 표현은 매일 매일의 일상생활을 통해서 규칙적으로 만나는 친분이 있는 사람들을 대상으로 사용할 수 있다.

3) 러시아인의 이름

러시아인의 이름은 "이름＋부칭＋성"으로 구성되어 있다. 이름은 독자적으로 만들어지며 부칭은 아버지의 이름에 −ович, −евич(남자), −овна, −евна(여자)를 붙여 만들어 주며, 성은 집안 대대로 내려오는 족보이다.

예) Михаи́л Серге́евич Горбачёв

　　Алеса́ндр Серге́евич Пу́шкин

　　Лев Никола́евич Толсто́й

☞ 상대방을 정중하게 부르고자 할 경우에는, 이름과 부칭을 함께 사용한다.

예) Михаи́л Серге́евич!　　미하일 세르게예비치씨!

　　Ни́на дмитрие́вна!　　니나 드미뜨리예브나씨!

• 여성은 결혼을 하면 남편의 성을 따라간다.
• 러시아 이름에는 다정한 호칭으로 사용되는 애칭이 있다.

예)

이 름	애 칭
Никола́й	Ко́ля
Евге́ний	Же́ня
Влади́мир	Воло́дя
Алекса́ндр	Са́ша, Са́шенька, Са́ня
Анато́лий	То́ля
Ната́лья	Ната́ша
Константи́н	Ко́стя
А́нна	Аня, Аннушка
Дми́трий	Ми́тя, Ми́тенька
Михаи́л	Ми́ша, Ми́шенька
Па́вел	Па́ша, Павлу́шка
Пётр	Пе́тя, Пе́тенька
Елизаве́та	Ли́за, Ли́зочка
Мари́я	Ма́ша, Ма́шенька
Ива́н	Ва́ня, Ва́нечка
Серге́й	Серёжа

연습문제(упражнения)

1) 아래의 러시아어 문장을 읽고 뜻을 말해 보세요.

- Здра́вствуйте!

  → _____

- До́брое у́тро.

  → _____

- Как дела́?

  → _____

- Спаси́бо, хорошо́. А Ва́ши?

  → _____

- То́же хорошо́, Спаси́бо.

  → _____

- До свида́ния.

  → _____

- До свида́ния.

  → _____

2) 아래의 한국어 문장들을 러시아어로 옮기시오.

- 좋은 아침이야, 꼴랴!

    → _____

- 안녕, 민수. 어떻게 지내니?

    → _____

- 좋아, 고마워. 그런데 너는?

    → _____

- 나도 좋아, 고마워.

    → _____

- 다음에 보자. 꼴랴.

    → _____

- 그래 다음에 보자. 안녕.

    → _____

3) 밑줄 친 부분에 들어갈 적당한 표현을 활용하여 대화를 완성하시오.

   (1) - Здра́вствуйте, Серге́й.

        → _____

      - Как дела́?

        → _____

      - То́же хорошо́, спаси́бо.

        → _____

      - До свида́ния.

        → _____

   (2) - Приве́т, Анто́н.

        → _____

      - Как твои́ дела́?

        → _____

− Тóже неплóхо, спасúбо.

→ _____

− Покá.

→ _____

4) 아래 단어들의 뜻을 한국어로 적으시오.

Здрáвствуйте!	Привéт
Дóброе ýтро	Спасúбо
Как делá?	До свидáния
Покá	Хорошó

5) 아래 제시된 러시아 인명의 애칭형을 적으시오.

Николáй	Сергéй
Владúмир	Ивáн
Алексáндр	Михаúл
Дмúтрий	Áнна

제3과

ЧТО ЭТО? КТО ЭТО?

Что это? Кто это?

제3과

 회화(разговор)

1) – Что это?

– Это ка́рта.

– Кака́я ка́рта?

– Ка́рта Коре́и.

– Это то́же ка́рта?

– Нет, это не ка́рта, а э́то кни́га.

– 이것은 무엇입니까?

– 이것은 지도입니다.

– 어떤 지도입니까?

– 한국의 지도입니다.

– 이것도 역시 지도입니까?

– 아니오, 이것은 지도가 아니고 책입니다.

---

2) ‒ Кто э́то?

  ‒ Это па́па и ма́ма.

  ‒ А э́то кто?

  ‒ Это мой брат и моя́ сестра́.

  ‒ Это то́же ваш брат и ва́ша сестра́?

  ‒ Нет, э́то мой друг и моя́ подру́га.

‒ 이분은 누구십니까?

‒ 이분들은 아빠와 엄마입니다.

‒ 그러면, 이 사람들은 누구입니까?

‒ 나의 형과 누이입니다.

‒ 이 사람들도 당신의 형과 누이인가요?

‒ 아니오, 이 사람들은 나의 친구와 여자친구예요.

새단어(новые слова)

что	무엇(의문대명사)
э́то	이것은(이 사람은) −이다
ка́рта	지도
Коре́я	한국
кни́га	책
не А, а Б	А가 아니라 Б이다
кто	누구(의문대명사)
па́па	아빠
ма́ма	엄마
мой, мо́я	나의(소유대명사)
брат	형제
сестра́	누이
друг	친구
подру́га	여자 친구
да	예(긍정어)
нет	아니오(부정어)
не	−이 아니다

♨ 문법(грамматика)

1. 지시대명사 это

☞ 대상을 가리킬 때 사용하며 생물 / 무생물 모두 지시 가능하다.

(생물 지시의 예)

Это мой па́па.	이분은 나의 아빠이다.
Это моя́ ма́ма.	이분은 나의 엄마이다.
Это мой брат.	이 사람은 나의 형이다.
Это моя́ сестра́.	이 사람은 나의 누이다.

(무생물 지시의 예)

Это кни́га.	이것은 책이다.
Это тетра́дь.	이것은 공책이다.
Это стол.	이것은 책상이다.
Это стул.	이것은 의자이다.

2. 긍정어와 부정어

Да : 상대방의 질문에 대해 긍정하는 표현 (=yes)

Нет : 상대방의 질문에 대해 부정하는 표현 (=no)

не : ~이 아니다 (=not)

3. 러시아어 문장 구조

(1) 러시아어 문장은 "주어+술어+(목적어)"의 어순 구조를 지닌다.

예) Я чита́ю журна́л.	나는 잡지를 읽고 있다.
Я зна́ю его́.	나는 그를 알고 있다.

(2) 주어가 명사이고 술어도 명사인 현재시제 문장에는 연사술어가 나타나지 않는다. (=영어의 be 동사 형태 불필요)

예) Это кни́га.   이것은 책이다.

Это стол и стул.   이것은 책상과 의자이다.

4. 의문사 что와 의문사 кто

(1) 의문사 что

☞ 지시하는 대상이 사물일 때 사용

예) − Что э́то?   이것은 무엇입니까?

− Это кни́га.   이것은 책입니다.

− Это ла́мпа.   이것은 램프입니다.

− Это письмо́.   이것은 편지입니다.

* 의문사 что의 자음 ч는 예외적으로 [ш]로 발음된다.

(2) 의문사 кто

☞ 지시하는 대상이 사람일 때 사용

예) − Кто э́то?   이 사람은 누구입니까?

− Это па́па.   이분은 아빠입니다.

− Это ма́ма.   이분은 엄마입니다.

− Это студе́нт.   이 사람은 학생입니다.

− Это друг.   이 사람은 친구입니다.

5. 러시아어 의문문 구조

(1) 의문사가 있을 때 : 의문사+주어+술어

예) Кто э́то?   이 사람은 누구입니까?

Что он чита́ет?   그는 무엇을 읽고 있습니까?

Где он рабо́тает?   그는 어디서 일하고 있습니까?

| Когда́ он отдыха́ет? | 그는 언제 휴식을 취합니까? |
| Где он сейча́с? | 그는 지금 어디에 있습니까? |

(2) 의문사가 없을 때 : 평서문과 어순이 동일하나 묻고자 하는 말에 역점을 둔다.

예) Он врач.	그는 의사이다.
Он врач?	그는 의사입니까?
Это кни́га.	이것은 책이다.
Это кни́га?	이것은 책입니까?
Она́ до́ма.	그녀는 집에 있다.
Она́ до́ма?	그녀는 집에 있나요?

러시아어의 억양구조(Интонационная Конструкция)

일반적으로 7개의 ИК가 존재하지만 여기에서는 기본적인 세 가지만 살펴보자.

ИК 1	하강조	평서문
ИК 2	하강조	의문사가 있는 의문문
ИК 3	상승조	의문사가 없는 의문문

---

6. 명사의 성

(1) 남성명사 :

• 자음으로 끝나는 모든 명사   예) стол, дом, авто́бус
• й로 끝나는 모든 명사   예) геро́й, край, трамва́й
• ь로 끝나는 일부명사
    예) карто́фель, учи́тель, чита́тель, слова́рь, порт́офель, день

(2) 여성명사 :

- а로 끝나는 거의 모든 명사   예) кни́га, ла́мпа, анги́на
- я로 끝나는 거의 모든 명사   예) ня́ня, неде́ля, аудито́рия
- ь로 끝나는 일부 명사

  예) жизнь, морко́вь, тетра́дь, пло́щадь, любо́вь, ночь

(3) 중성명사 :

- о로 끝나는 명사   예) окно́, письмо́, метро́
- е로 끝나는 명사   예) мо́ре, по́ле, зда́ние, общежи́тие
- мя로 끝나는 명사   예) вре́мя, и́мя, пле́мя, стре́мя
  * −мя로 끝나는 중성명사는 총 10개가 있다.

    зна́мя, пла́мя, вы́мя, бре́мя, се́мя, пле́мя, и́мя, стре́мя, вре́мя

☞ **주의할 점**

(1) 어미 −ь는 남성, 여성 모두에 해당하므로 따로 암기할 수밖에 없다.

(2) 사람을 지칭하는 명사의 성은 자연성에 따른다. 즉, 어미가 −а나 −я로 끝나
는 단어라도 자연성이 남성일 경우에는 남성이다.

  예) 남성명사

па́па	아빠
де́душка	할아버지
дя́дя	아저씨, 숙부
Ми́ша	미하일(남자이름)의 애칭
Юноша	청년

7. 러시아어 인칭대명사

☞ 러시아어 인칭대명사는 1인칭 단수, 2인칭 단수, 3인칭 단수, 1인칭 복수, 2
인칭 복수, 3인칭 복수형이 있으며, 3인칭 단수형은 남성, 여성, 중성형을
가진다.

1인칭 단수	я	나	1인칭 복수	мы	우리
2인칭 단수	ты	너	2인칭 복수	вы	너희들, 당신(들)
3인칭 단수	он	그	3인칭 복수	они	그들, 그것들
	она́	그녀			
	оно́	그것			

8. 인칭소유대명사

☞ 러시아어의 인칭소유대명사는 명사수식의 기능을 하며, 수식하는 명사의 성과 수에 따라 문법적인 일치를 시켜주어야 한다.

인칭 / 수	남성	여성	중성	복수	의미
1인칭 단수 я	мой	моя́	моё	мои́	나의
2인칭 단수 ты	твой	твоя́	твоё	твои́	너의
3인칭 단수 он/оно́/она́	его́/её				그의(그것의)/그녀의
1인칭 복수 мы	наш	на́ша	на́ше	на́ши	우리의
2인칭 복수 вы	ваш	ва́ша	ва́ше	ва́ши	너희, 당신(들)의
3인칭 복수 они́	их				그들의

☞ 인칭소유대명사의 단수/복수형은 의미적 요인에 의한 것이 아니라 문법적인 요인에 의한 것이다. 따라서 자신이 수식하는 명사의 문법적인 수에 맞게 어미 일치를 시킨다.

예) Это мой стол.　　　　　이것은 나의 책상이다. (남성 단수 수식)

　　Это моя́ кни́га.　　　　이것은 나의 책이다. (여성 단수 수식)

　　Это моё перо́.　　　　이것은 나의 펜이다. (중성 단수 수식)

　　Это мои́ кни́ги.　　　　이것은 나의 책들이다. (복수 수식)

Это ваш друг.	이 사람은 당신의 친구이다. (남성 단수 수식)
Это ва́ша ко́мната.	이것은 당신의 방입니다. (여성 단수 수식)
Это ва́ше письмо́.	이것은 당신의 편지입니다. (중성 단수 수식)
Это ва́ши друзья́.	이 사람들은 당신의 친구들입니다. (복수수식)

☞ 인칭소유대명사 3인칭 단수, 복수의 경우는 뒤에 수식하는 명사의 성, 수와
상관없이 원래의 형태를 유지한다.

Это его́ тетра́дь.	이것은 그의 노트이다.
Это её дом.	이것은 그녀의 집이다.
Это их ко́мната.	이것은 그들의 방이다.

♔ 국가명과 민족

Коре́я	한국	коре́ец(коре́янка)	한국남자(여자)
Росси́я	러시아	ру́сский(ру́сская)	러시아남자(여자)
Япо́ния	일본	япо́нец(япо́нка)	일본남자(여자)
Кита́й	중국	кита́ец(китая́нка)	중국남자(여자)
Аме́рика	미국	америка́нец(америка́нка)	미국남자(여자)
Англия	영국	англича́нин(англича́нка)	영국남자(여자)
Герма́ния	독일	неме́ц(не́мка)	독일남자(여자)
Фра́нция	프랑스	францу́з(францу́женка)	프랑스남자(여자)

연습문제(упражнения)

1) 아래의 질문에 대해 긍정문으로 대답해 보시오.

　가. Это су́мка?

　나. Это часы́?

　다. Это ваш стол?

　라. Это студе́нт?

　마. Это его́ стол?

2) 아래의 질문에 대해 완전한 형태의 부정문으로 답하시오.

　가. Это кни́га?

　나. Это ка́рта?

　다. Это твоя́ ма́ма?

　라. Это ва́ше письмо́?

　마. Это её маши́на?

3) 다음 문장을 러시아어로 옮기시오.

　가. 이것은 지도입니까?
　　－ 예, 이것은 지도입니다.
　나. 이것은 어떤 지도입니까?
　　－ 한국의 지도입니다.

다. 당신은 학생입니까?

　　– 아니오, 저는 학생이 아닙니다. 저는 선생님입니다(учитель).

라. 이분들은 누구입니까?

　　– 이분은 저의 아빠와 엄마입니다.

마. 이것은 무엇입니까?

　　– 이것은 책상과 의자입니다.

바. 이것은 당신의 편지입니까?

　　– 아니오, 이것은 나의 편지가 아니라 그의 편지입니다.

사. 이 사람이 너의 친구이니?

　　– 아니, 이 사람은 그의 친구야.

제4과

소개하기

제4과 소개하기

회화(разговор)

1. 자기소개

- Здра́вствуйте! Óчень прия́тно. Меня́ зову́т Цой Мин Су.

- Дóброе у́тро. Меня́ зову́т Серге́й. Рад с ва́ми познако́миться.

- Я изуча́ю ру́сский язы́к в университе́те. Вы то́же студе́нт?

- Нет, я не студе́нт. Я тури́ст.

- Вы впервы́е в Коре́е?

- Да, впервы́е.

- Как до́лго вы бу́дете в Коре́е?

- Три дня.

- Вы одни́?

- Нет, с жено́й. Она́ там.

- 안녕하십니까? 만나뵙게 되어서 반갑습니다. 제 이름은 최민수입니다.

- 안녕하세요. 제 이름은 세르게이입니다. 알게 되어 기뻐요.

- 저는 대학에서 러시아어를 공부하고 있어요.
  당신도 학생입니까?

- 아닙니다. 저는 학생이 아닙니다. 관광객입니다.

– 한국에 처음 오셨나요?

– 예, 처음 왔어요.

– 한국에 오래 계실 건가요?

– 3일간 있을 예정이에요.

– 혼자 오셨나요?

– 아니오. 아내와 같이 왔어요. 저기 있어요.

2. 상대방 소개하기

– Никола́й Петро́вич! Разреши́те предста́вить вам моего́ дру́га.

  Это мой друг Ин Су.

– Óчень прия́тно. Меня́ зову́т Никола́й.

– Здра́вствуйте. Меня́ зову́т Ин Су. Рад вас ви́деть. Вы давно́ в Коре́е?

– Да, давно́. Я живу́ в Коре́е уже́ год. Здесь рабо́таю на фи́рме.

– А где вы живёте в Коре́е?

– Я живу́ в Се́уле.

– Ах, да.

– 니꼴라이 뻬뜨로비치, 내 친구를 소개하겠습니다. 제 친구 인수입니다.

– 반갑습니다. 니꼴라이입니다.

– 안녕하세요. 제 이름은 인수입니다. 만나서 반갑습니다.

  한국에 사신지 오래 되었나요?

– 예, 오래 되었습니다. 벌써 1년 되었습니다. 회사에서 일하고 있어요.

– 한국 어디에 사시나요?

– 서울에 살고 있어요.

– 아, 그렇군요.

🔖 단어학습(новые слова)

о́чень	매우(부)
прия́тно	반갑다, 기쁘다(술)
меня́	나를(1인칭 대명사 я의 목적격)
зову́т	부르다(звать 동사의 현재시제 3인칭 복수형)
рад	기쁘다(술, 형)
с ва́ми	당신과
познако́миться	알게 되다, 인사를 나누다(동)
изуча́ть(1)	공부하다, 연구하다(동)

(изуча́ю, изуча́ешь, изуча́ет, изуча́ем, изуча́ете, изуча́ют)

ру́сский язы́к	러시아어
университе́т	대학(남)
в университе́те	대학에서
студе́нт	남학생(студентка, 여대생)
тури́ст	관광객(туристка, 여성관광객)
впервы́е	처음으로, 최초로(부)
до́лго	오랫동안(부)
в Коре́е	한국에
три дня	3일
одни́	혼자서(수사 1(один)의 복수형)

* 수사 1의 복수형 одни는 단수형을 갖고 있지 않는 명사와 결합할 때 사용되
  며, 단독으로 쓰일 때는 "유일한, 오로지, 혼자서"라는 의미를 지닌다.

жена́	아내
с жено́й	아내와 함께
разреши́те предста́вить	~를 소개하겠습니다.
друг	친구(подруга, 여자친구)
жить(1)	살다(동)

я живу́	ты живёшь	он(она) живёт
мы живём	вы живёте	они живу́т

* 동사 **жить**에 대한 자세한 내용은 문법설명을 참고할 것

давно́	오래 전에(부)
уже́	이미(부)
год	해, 년도(남)
рабо́тать(1)	일하다(동)

(рабо́таю, рабо́таешь, рабо́тает, рабо́таем, рабо́таете, рабо́тают)

фи́рма	회사(여)
на фи́рме	회사에서
где	어디에(서)
Сéул	서울(지명)

❧ 소개와 관련된 표현

Очень прия́тно.	만나서 반갑습니다.
Рад(а) с ва́ми познако́миться.	알게 되어 반갑습니다.
Меня́ зову́т _____.	제 이름은 _____입니다.
Как вас зову́т?	당신의 이름은 어떻게 됩니까?
Мне 21 год.	제 나이는 21살입니다.
Я студе́нт.	저는 학생입니다.
Я домохозя́йка.	저는 주부입니다.
Я рабо́чий.	저는 노무자입니다.
Я солда́т.	저는 군인입니다.
Я хочу́ стать ги́дом-перево́дчиком.	저는 통역가이드가 되고 싶습니다.
Я жена́т.	저는 결혼했습니다.(남자)
Я за́мужем.	저는 결혼했습니다.(여자)
У меня́ есть де́ти.	저는 아이가 있습니다.

👑 문법(грамматика)

1. 러시아어 인칭대명사의 대격 표시

☞ 대격은 ~을, ~를 의 의미를 지니며, 타동사의 직접 목적어로 사용될 때나 대격 지배전치사와 결합할 경우에 사용된다.

인칭 (수)	주격 단수	대격	의미	인칭 (수)	주격 복수	대격	의미
1인칭 단수	я	меня́	나를	1인칭 복수	мы	нас	우리를
2인칭 단수	ты	тебя́	너를	2인칭 복수	вы	вас	당신(들)을 너희들을
3인칭 단수	он	его́	그를	3인칭 복수	они́	их	그들을 그것들을
	она	её	그녀를				

예) Он зна́ет меня́.   그는 나를 안다.

Я люблю́ тебя́.   나는 너를 사랑한다.

Они́ хорошо́ понима́ют меня́.   그들은 나를 잘 이해해 준다.

Слу́шаю вас.   말씀하세요.(전화 받을 때)

2. 러시아어 동사의 현재시제 1식(-ать형 동사)

☞ 러시아어 동사의 현재시제는 주어의 인칭과 수에 따라 서로 다른 변화형 어미를 갖는다. 현재시제 변화형은 동사의 활용 형태에 따라 크게 제1식과 제2식으로 나누어진다. 제1식 변화형 동사들은 주로 -ать, -ять의 미정형 형태를 갖는다. 활용 방법은 동사 미정형에서 미정형 어미인 -ть를 제거한 후, 아래의 어미를 부착한다.

я	어간 + ю(у)	мы	어간 + ем
ты	어간 + ешь	вы	어간 + ете
он, она́, оно́	어간 + ет	они́	어간 + ют(ут)

예) знать(знáю, знáешь, знáет, знáем, знáете, знáют) 알다

читáть(читáю, читáешь, читáет, читáем, читáете, читáют) 읽다

рабóтать(рабóтаю, рабóтаешь, рабóтает, рабóтаем, рабóтаете, рабóтают)
일하다

слýшать(слýшаю, слýшаешь, слýшает, слýшаем, слýшаете, слýшают)
듣다

изучáть(изучáю, изучáешь, изучáет, изучáем, изучáете, изучáют)
공부하다

петь(пою́, поёшь, поёт, поём, поёте, пою́т) 노래하다

* 동사 петь의 현재시제 변화형 어간은 пе- 가 아닌 по-이다.

отдыхáть(отдыхáю, отдыхáешь, отдыхáет, отдыхáем, отдыхáете, отдыхáют)
쉬다, 휴식을 취하다

игрáть(игрáю, игрáешь, игрáет, игрáем, игрáете, игрáют)
놀다, 경기하다

понимáть(понимáю, понимáешь, понимáет, понимáем, понимáете, понимáют)
이해하다

уважáть(уважáю, уважáешь, уважáет, уважáем, уважáете, уважáют)
존경하다

жить(живý, живёшь, живёт, живём, живёте, живýт) 살다

* жить의 현재시제변화형 어간은 жив- 이다.
* 단어 내에 모음 ё가 올 때는 항상 그 자리에 강세가 온다.

3. 명사의 복수(множественное число)

성	형태	복수형 어미	적용 예
남 성	자음으로 끝나는 명사 -й로 끝나는 명사 -ь로 끝나는 명사	# > ы й > и ь > и	магази́н → магази́ны музе́й → музе́и слова́рь → слова́ри
여 성	-а로 끝나는 명사 -я로 끝나는 명사 -ь로 끝나는 명사	а > ы я > и ь > и	газе́та → газе́ты дере́вня → дере́вни но́чь → но́чи
중 성	-о로 끝나는 명사 -е로 끝나는 명사 -мя로 끝나는 명사	о > а е > я мя > мена	сло́во → слова́ мо́ре → моря́ вре́мя → времена́

- 자음 г, к, х, ж, ч, ш, щ로 끝나는 남성, 여성명사의 복수형 어미는 ы가 아니라 и이다. (정자법 제한)

  예) кни́га – кни́ги, учени́к – учени́ки, успе́х – успе́хи

       нож – но́жи, врач – врачи́, гру́ша – гру́ши

- 자음으로 끝나는 일부 남성명사들은 복수형 어미로 ы 대신 а를 취하며, 이때는 항상 모음 á에 강세를 수반한다.

  예) дом   дома́

       учи́тель   учителя́

       го́род   города́

       лес   леса́

       по́езд   поезда́

       бе́рег   берега́

       профе́ссор   профессора́

- 일부 남성명사들은 복수형 어미로 −ья를 갖는다.

  예) друг   друзья́

       брат   бра́тья

       сын   сыновья́

       стул   сту́лья

- 남성명사들 중에는 단수형과 복수형의 형태가 전혀 다른 것들도 있다.

  예) ребёнок   де́ти

       челове́к   лю́ди

- мать '어머니'와 дочь '딸'는 어간에 접미사 −ер−를 가진다.

  예) дочь   до́чери

       мать   ма́тери

- 복수형 어미가 −ья인 일부 중성명사들

  예) де́рево   дере́вья

       крыло́   кры́лья

- 항상 복수형만으로 사용되는 명사들

  예)
часы́	시계	де́ньги	돈
очки́	안경	су́тки	주야
весы́	저울	но́жницы	가위
брю́ки	바지	кани́кулы	방학

연습문제(упражнения)

1) 아래 동사들의 의미와 현재시제 변화형을 적어 보시오.

слу́шать	чита́ть
знать	понима́ть
рабо́тать	отдыха́ть
петь	де́лать
покупа́ть	конча́ть
реша́ть	изуча́ть
дава́ть	получа́ть
отвеча́ть	помога́ть
игра́ть	уважа́ть

2) 아래 인칭대명사의 대격 형태를 적어 보시오.

я	ты	он
она́	мы	вы
они́		

3) 인칭대명사 대격을 활용하여 아래 문장을 러시아어로 옮기시오.

가. 나는 당신을 사랑합니다.

나. 그는 나를 잘 이해해 준다.

다. 우리는 그 사람을 잘 알고 있다.

라. 그녀는 내 말을 잘 들어 준다.

마. 말씀하세요.

4) 다음 명사들의 복수 형태를 쓰시오.

газе́та	слова́рь	кни́га	мо́ре	друг
письмо́	мать	дом	ночь	вре́мя
сын	челове́к	трамва́й		

5) 아래의 러시아어 문장을 한국어로 옮겨 보시오.

   (1) Здра́вствуйте. О́чень прия́тно. Меня́ зову́т Пак Су Вон. Я студе́нт. Я из

   уча́ю ру́сский язы́к в университе́те. Мне 23 го́да.

   (2) Разреши́те предста́вить вам моего́ дру́га.

   Его́ зову́т Ким Мин Су. Он рабо́тает в фи́рме.

   Ему́ 26 лет. Он жена́т. У него́ есть жена́ и сын.

6) 아래의 한국어를 러시아어로 옮겨 보시오.

   (1) – 안녕하십니까? 만나서 반갑습니다. 제 이름은 김 민수입니다.

   당신의 성함은 어떻게 됩니까?

   – 제 이름은 세르게이입니다. 만나서 반갑습니다.

   – 저는 대학생입니다. 당신도 대학생입니까?

   – 예. 저도 대학생입니다.

   – 한국에는 처음이십니까?

   – 예. 처음입니다. 저는 관광객입니다.

   – 며칠간 한국에 계실 겁니까?

   – 3일간 머물 예정입니다.

   – 즐거운 여행되시길 바랍니다. (Счастли́вого пути́)

   – 고맙습니다.

   (2) 상대방과 짝을 지어 자기소개 연습을 해 보시오.

제5과

날씨와 계절

제5과 날씨와 계절

회화(разговор)

1)   — Кака́я сего́дня хоро́шая пого́да!

    — Да, сего́дня пого́да о́чень хоро́шая. Со́лнце све́тит я́рко.

    — Я люблю́ таку́ю пого́ду. А вы?

    — Я то́же. Не люблю́ дождь.

    — 오늘 날씨 정말로 좋군요!

    — 예, 정말로 좋은 날씨군요. 태양도 밝게 비치고 있어요.

    — 저는 이런 날씨가 좋아요. 당신은 어떤 날씨를 좋아하시죠?

    — 저도 그래요. 비를 좋아하지 않습니다.

---

2)   — Каки́е быва́ют времена́ го́да в Коре́е?

    — В Коре́е быва́ют весна́, ле́то, о́сень и зима́.

    — Како́е вре́мя го́да вы лю́бите?

    — Я люблю́ весну́ и о́сень: Весно́й тепло́, о́сенью прохла́дно.

    — Пра́вда? А я люблю́ ле́то и зиму́.

    — Почему́? Ведь ле́том жа́рко, а зимо́й хо́лодно!

– Вы пра́вы. Хотя́ ле́том жа́рко, но мо́жно купа́ться, а зимо́й – ката́ться на лы́жах и́ли на конька́х. Кро́ме того́, зимо́й ча́сто идёт снег: я о́чень люблю́ снег.

– 한국에는 어떤 계절이 있나요?

– 한국에는 봄, 여름, 가을, 겨울이 있어요.

– 당신은 어떤 계절을 좋아하세요?

– 저는 봄과 가을을 좋아해요 : 봄은 따뜻하고, 가을은 선선하니까요.

– 정말이세요? 저는 여름과 겨울을 좋아해요.

– 왜요? 여름은 덥고, 겨울은 춥잖아요.

– 맞아요. 그러나 비록 여름은 덥지만 해수욕을 할 수 있고 겨울에는 스키나 스케이트를 탈 수 있거든요. 게다가 겨울에는 눈이 내리잖아요. 저는 눈을 무척 좋아하거든요.

---

3) – Анто́н, како́е вре́мя го́да тебе́ бо́льше всего́ нра́вится?

– Мне бо́льше всего́ нра́вится весна́, потому́ что весно́й расцвета́ют цветы́. А тебе́?

– Мне бо́льше всего́ нра́вится о́сень, потому́ что о́сенью не́ то́лько прохла́дно, но и высо́кое не́бо, разноцве́тный клён.

– А ле́то и зима́?

– Лу́чше не говори́! Я о́чень не люблю́, когда́ жа́рко и́ли хо́лодно.

– 안톤, 너는 어떤 계절이 제일 마음에 드니?

– 나는 봄이 제일 마음에 들어, 왜냐하면 봄에는 꽃이 피거든. 너는?

– 나는 가을이 제일 좋아, 왜냐하면 가을은 선선할 뿐만 아니라 하늘도 높고, 형형색색의 단풍이 있거든.

– 여름과 겨울은 어때?

– 말도 하지마. 나는 덥고 추운건 질색이거든.

🌸 새 단어(новые слова)

какóй(−áя, −óе, −úе)	어떠한(의)
сегóдня	오늘(부)
хорóший(−ая, −ее, −ие)	좋은(형)
погóда	날씨(여)
стоя́ть(2)	서있다, (날씨 등이) 지속되다
(стою́, стои́шь, стои́т, стои́м, стои́те, стоя́т)	
сóлнце	태양(중)
свети́ть(2) (3인칭형만 쓰임 свети́т, светя́т)	
	비치다
я́рко(я́ркий에서 파생)	밝게(부)
прáвда	사실(여)
прáвда?	사실입니까? 정말입니까?
люби́ть(2)	사랑하다(타)
когдá	언제(의), ~할 때(접)
быва́ть(1)	있다, 발생하다(자)
(быва́ю, быва́ешь, быва́ет, быва́ет, быва́ем, быва́ете, быва́ют)	
времена́ гóда	사계
весна́	봄(여)
лéто	여름(중)
óсень	가을(여)
зима́	겨울(여)

вре́мя го́да	계절, 시즌
весно́й	봄에(부)
тепло́(тёплый에서 파생)	따뜻하다(부)
о́сенью	가을에(부)
прохла́дно(прохла́дный에서 파생)	선선하다(부)
почему́	왜(의)
ведь	알다시피(접)
ле́том	여름에(부)
жа́рко(жа́ркий에서 파생)	덥다(부)
зимо́й	겨울에(부)
хо́лодно	춥다(부)
прав(−а́, −ы)	옳다, 맞다(형, 단)
хотя́	비록(접)
мо́жно	~할 수 있다(술, 부)
купа́ться(1) (купа́юсь, купа́ешься, купа́ется, купа́емся, купа́етесь, купа́ются)	
	해수욕하다(자)
ката́ться на лы́жах	스키를 타다
ката́ться на конька́х	스케이트를 타다
и́ли	또는, 혹은(접)
кро́ме того́	그 밖에도
ча́сто	종종, 자주(부)
снег	눈(남)
тебе́	ты의 여격
бо́льше всего́	제일, 무엇보다도 많이
нра́виться(2) (нра́влюсь, нра́вишься, нра́вится, нра́вимся, нра́витесь, нра́вятся)	
	마음에 들다(자)

* нравиться의 활용법

"~이 ~의 마음에 들다"라는 의미 구조를 지니며 의미상의 주어는 여격으로, 마음에 드는 대상물은 주격으로 표시된다. 따라서 마음에 드는 대상물이 нравиться 구문의 문법적인 주어가 된다.

예) Мне нра́вится он.	나는 그가 마음에 든다.
Мне нра́вится она́.	나는 그녀가 마음에 든다.
Им нра́вишься ты.	그들은 너를 마음에 들어 한다.
Мне нра́вится но́вый дом.	나는 새 집이 마음에 든다.
Мне нра́вится Москва́.	나는 모스크바가 마음에 든다.
Ему́ нра́вятся де́ти.	그는 아이들을 좋아한다.

потому́ что	왜냐하면
расцвета́ть(1)	꽃을 피우다
(расцвета́ю, расцвета́ешь, расцвета́ет, расцвета́ем, расцвета́ете, расцвета́ют)	
цветы́	꽃들(цвето́к의 복수)
не то́лько~, но и~	~뿐 아니라 ~도
высо́кий(−ая, −ое, −ие)	높은(형)
не́бо	하늘
разноцве́тный	다양한 색깔의, 각양각색의
клён	단풍
лу́чше не говори́	말도 하지 마라

🔥 문법(грамматика)

1. 동사 현재시제 제2식 변화(-ить, -еть 동사류)

☞ 동사 현재시제 제2식 변화형의 어간은 항상 자음으로 끝난다. 제1식 변화형 과는 달리, 동사 미정형에서 미정형 어미 -ть와 바로 앞의 모음을 제거하고 남은 부분이 현재시제 변화형 어간(=현재형 어간)이 되며, 해당 어간에 아래의 어미를 부착한다.

я	어간 + ю(у)	мы	어간 + им
ты	어간 + ишь	вы	어간 + ите
он, она́, оно́	어간 + ит	они́	어간 + ят(ат)

예) 미정형 говори́ть   말하다

현재형 어간 говор-

변화형 говорю́, говори́шь, говори́т, говори́м, говори́те, говоря́т

미정형 смотре́ть   (바라)보다

현재형 어간 смотр-

변화형 смотрю́, смо́тришь, смо́трит, смо́трим, смо́трите, смо́трят

미정형 ви́деть   보다

현재형 어간 вид-

변화형 ви́жу, ви́дишь, ви́дит, ви́дим, ви́дите, ви́дят

☞ 제 2식 동사의 현재시제 어간이 자음 д로 끝날 때는 1인칭 단수형에서 ж로 교체된다.

미정형 ко́нчить   끝내다

현재형 어간 конч-

변화형 ко́нчу, ко́нчишь, ко́нчит, ко́нчим, ко́нчите, ко́нчат

미정형 реши́ть   풀다, 해결하다

현재형 어간 реш-

변화형 решу́, реши́шь, реши́т, реши́м, реши́те, реша́т

미정형 люби́ть   사랑하다

현재형 어간 люб-

변화형 люблю́, лю́бишь, лю́бит, лю́бим, лю́бите, лю́бят

☞ 제2식 동사의 현재시제 어간이 순음(б, п, м, в, ф)으로 끝날 때에는 단수 1인칭에 자음 -л-이 첨가된다.

예) купи́ть(사다)의 현재형 어간 куп-

    куплю́, ку́пишь, ку́пит, ку́пим, ку́пите, ку́пят

    спать(잠자다)의 현재형 어간 сп-

    сплю, спишь, спит, спим, спи́те, спят

    гото́вить(준비하다)의 현재형 어간 гото́в-

    гото́влю, гото́вишь, гото́вит, гото́вим, гото́вите, гото́вят

    предста́вить(소개하다)의 현재형 어간 предста́в-

    предста́влю, предста́вишь, предста́вит, предста́вим, предста́вите,

    предста́вят

☞ 이외에도 제 2식 활용을 하는 동사의 경우, 현재시제 어간이 자음 т나 с로 끝날 경우 1인칭 단수형에서 각각 ч와 ш로 자음 전환이 발생한다.

  예) лете́ть (날다)   я лечу́

    проси́ть (부탁하다)   я прошу́

2. 명사의 대격

☞ 남성명사의 대격 어미는 명사가 지칭하는 대상이 사람(동물 포함)일 때는 생격 어미와 동일하고, 지칭하는 대상이 사물일 때는 주격과 동일하다.

☞ 여성명사의 대격 어미는 사람/사물에 관계없이 동일한 형태이다.

☞ 중성명사의 대격 어미는 항상 주격 어미와 동일하다.

성	형 태	활동체	불활동체
남성명사	자음으로 끝나는 명사	# > a	= 주격
	−й로 끝나는 명사	й > я	й > й
	−ь로 끝나는 명사	ь > я	ь > ь
여성명사	−a로 끝나는 명사	a > у	
	−я로 끝나는 명사	я > ю	
	−ь로 끝나는 명사	ь > ь	
중성명사	−o로 끝나는 명사	о > о	
	−e로 끝나는 명사	е > е	
	−мя로 끝나는 명사	мя > мя	

예) Я зна́ю студе́нта.　　　　　나는 학생을 알고 있다.

　　Я зна́ю э́то.　　　　　　　　나는 이것을 알고 있다.

　　Я хочу́ купи́ть кни́гу.　　　　나는 책을 사고 싶다.

　　Я люблю́ ма́му.　　　　　　　나는 엄마를 사랑한다.

　　Я люблю́ бра́та.　　　　　　　나는 형을 사랑한다.

　　Я люблю́ сестру́.　　　　　　나는 누이를 사랑한다.

　　Мы лю́бим на́шего дру́га.　　우리는 친구를 사랑한다.

　　Он о́чень лю́бит ды́ню.　　　그는 참외를 무척 좋아한다.

　　Она́ о́чень лю́бит цветы́.　　그녀는 꽃을 무척 좋아한다.

　　Я люблю́ пи́во.　　　　　　　나는 맥주를 좋아한다.

　　Вчера́ я получи́л письмо́.　　어제 나는 편지를 받았다.

3. 형용사(имя прилага́тельное)

☞ 형용사의 주된 기능은 명사를 수식하는 정어적 기능이다. 형용사는 자신이
　 수식하는 명사의 성, 수, 격에 어미를 일치시킨다. 형용사는 어미 형태에 따
　 라 경변화 형용사와 연변화 형용사, 혼합변화 형용사로 분류된다.

1) 경변화 형용사 어미

> −ый(−о́й)(남성형), −ая(여성형), −ое(중성형), −ые(복수형)

예) но́вый − но́вая − но́вое − но́вые 새로운

кра́сный − кра́сная − кра́сное − кра́сные 붉은

чёрный − чёрная − чёрное − чёрные 검은

зелёный − зелёная − зелёное − зелёные 초록색의

краси́вый − краси́вая − краси́вое − краси́вые 아름다운

интере́сный−интере́сная−интере́сное−интере́сные 재미있는

молодо́й − молода́я − молодо́е − молоды́е 젊은

голубо́й − голуба́я − голубо́е − голубы́е 하늘색의

* молодо́й, голубо́й 형용사류의 남성형 어미 −ой는 항상 강세를 수반한다.

[예문]

Это но́вый стол. 이것은 새 책상입니다.

Это но́вая кни́га. 이것은 새 책입니다.

Это но́вое перо́. 이것은 새 펜입니다.

Это но́вые кни́ги. 이것은 새 책들입니다.

Она́ о́чень краси́вая де́вушка. 그녀는 매우 아름다운 처녀다.

Он совсе́м молодо́й студе́нт. 그는 아주 젊은 학생이다.

Это о́чень интере́сный кинофи́льм. 이것은 아주 재미있는 영화다.

Я люблю́ зелёный цвет. 나는 초록색을 좋아한다.

Это Чёрное Мо́ре. 이것이 흑해입니다.

2) 연변화 형용사

☞ 연변화 형용사는 경변화 어미에 대응하는 연모음으로 어미가 구성되어 있다.

> -ий(남성형), -яя(여성형), -ee(중성형), -ие(복수형)

예) си́ний − си́няя − си́нее − си́ние   푸른

     после́дний - после́дняя - после́днее - после́дние   최근의, 마지막의

     весе́нний − весе́нняя − весе́ннее − весе́нние   봄날의

     ле́тний − ле́тняя − ле́тнее− ле́тние   여름날의

[예문]

Это си́ний костю́м.	이것은 푸른색 양복이다.
Это после́дняя новость.	이것은 최신 뉴스이다.
Хоро́шее весе́ннее у́тро.	상쾌한 봄날의 아침
Это ле́тний сад.	이것은 여름 정원이다.

---

3) 혼합변화

☞ 정자법 규칙과 강세에 의해 경변화 어미와 연변화 어미가 혼합되어 사용되는 형용사들을 지칭한다.

     예) ру́сский − ру́сская − ру́сское − ру́сские   러시아의

        широ́кий − широ́кая − широ́кое − широ́кие   넓은, 광활한

* к뒤에 ы가 올 수 없는 정자법 규칙에 의해 남성 단수형과 복수형 어미가 и로 전환된다.(형용사 어간이 자음 к, г, х로 끝나는 경우 모두 해당)

большо́й − больша́я − большо́е − больши́е   큰

хоро́ший − хоро́шая − хоро́шее − хоро́шие   좋은

* 모음 о가 ш 뒤에 위치할 때는 항상 강세를 수반하며 강세가 없을 때는 о 대신에 е로 전환된다.

4) 의문대명사 како́й – кака́я – како́е – каки́е(어떠한)

☞ 의문대명사 како́й는 사물의 특성을 물을 때 사용하는 의문사이다.

예) – Како́й э́то дом?　　　　　　　　– 이것은 어떤 집입니까?

　　– Э́то но́вый дом.　　　　　　　　– 이것은 새 집입니다.

　　– Кака́я э́то ка́рта?　　　　　　　– 이것은 어떤 지도입니까?

　　– Э́то больша́я ка́рта.　　　　　　– 이것은 큰 지도입니다.

　　– Како́е э́то зда́ние?　　　　　　　– 이것은 어떤 건물입니까?

　　– Э́то ста́рое зда́ние.　　　　　　– 이것은 오래된 건물입니다.

　　– Каки́е там стоя́т лю́ди?　　　　– 저기 서 있는 사람들은 누굽니까?

　　– Ру́сские тури́сты.　　　　　　　– 러시아 관광객들입니다.

🎵 러시아어 감탄문

☞ 러시아어의 감탄문은 의문사 како́й, как와 문장 말미의 감탄 부호 " ! "를 사용하여 만들어지며, 어순은 일반 문장의 어순과 동일하다.

예) Кака́я сего́дня хоро́шая пого́да!

Как он хорошо́ говори́т по-ру́сски!

Како́й он плохо́й студе́нт!

🌱 계절과 관련된 어휘와 표현

1) 어휘

весна́	봄	ле́то	여름
о́сень	가을	зима́	겨울
хо́лодно	춥다	тепло́	따뜻하다
жа́рко	덥다	прохла́дно	선선하다
весно́й	봄에	ле́том	여름에
о́сенью	가을에	зимо́й	겨울에

2) 표현

Весно́й тепло́.	봄에는 따뜻하다.
Ле́том жа́рко.	여름은 덥다.
Осенью прохла́дно.	가을은 선선하다.
Зимо́й хо́лодно.	겨울은 춥다.
Ле́том ча́сто идёт дождь.	여름에는 비가 자주 온다.
Осенью стои́т хоро́шая пого́да.	가을에는 좋은 날씨가 지속된다.
Зимо́й хо́лодно и ча́сто идёт снег.	겨울은 춥고 눈이 자주 내린다.

연습문제(упражнения)

1) 각각의 계절과 어울리는 단어를 보기에서 고르시오.

가. весна́   나. ле́то

다. о́сень   라. зима́

тепло́, ро́за, жа́рко, си́льный дождь, прохла́дно, высо́кое не́бо, клё н, цветы́, купа́ние, хо́лодно, ростки́, зе́лень, бе́лая земля́, дли́нная н очь, дли́нный день, кондиционе́р, отопле́ние, вентиля́тор, ката́ние на лы́жах, холоди́льник, моро́женое

---

2) 아래 동사들의 의미와 현재시제 변화형을 적어보시오.

говори́ть   смотре́ть

купи́ть   люби́ть

реши́ть   знако́мить

спать   хоте́ть

отве́тить   учи́ть

сиде́ть   отве́тить

3) 형용사를 활용하여 아래의 문장들을 러시아어로 옮기시오.

가. 이것은 새 책이다.

나. 그는 나의 좋은 친구이다.

다. 이 분은 새로 오신 우리들의 선생님이시다. (учи́тель)

라. 그녀는 아름다운 아가씨이다.

마. 상쾌한 가을의 날씨

바. 이것은 아주 오래된 학교이다. (шко́ла)

사. 내 아빠는 엄하시긴(стро́гий) 하지만 선량하시다. (до́брый)

아. 우리 집은 크다.

4) 형용사를 활용하여 아래의 문장들을 러시아어로 옮기시오.

가. 나는 엄마와 할머니를 사랑한다.

나. 그녀는 책을 구입한다.

다. 그들은 신문을 읽는다.

라. 그는 형과 누이를 사랑한다.

5) 동사 нра́виться를 활용하여 아래의 문장을 러시아어로 옮기시오.

가. 그는 나를 마음에 들어 한다. (ему)

나. 나는 그가 좋다. (мне)

다. 우리는 새 책이 마음에 든다. (нам)

라. 그녀는 그 남자를 마음에 들어 한다. (ей)

마. 그들은 새로 온 학생을 마음에 들어 한다. (им)

바. 너는 선물(пода́рок)이 마음에 드니? (тебе́)

6) 표에 제시된 단어를 활용하여 아래의 한국어 문장을 노어로 옮기시오.

- 나는 봄을 제일 좋아합니다. 왜냐하면 봄에는 따뜻하고 꽃도 피기 때문입니다.
- 여름은 그렇게 좋아하지는 않습니다. 왜냐하면 덥기 때문입니다. 그렇지만 여름에는 수영을 할 수 있습니다.
- 가을은 선선하고 날씨가 좋습니다. 그래서 가을도 마음에 듭니다.
- 저는 눈을 좋아합니다. 그렇지만 겨울은 싫습니다. 왜냐하면 겨울은 너무 춥기 때문입니다.

бо́льше всего́, потому́ что, не о́чень, мо́жно купа́ться,

сто́ит хоро́шая пого́да, нра́виться, сли́шком хо́лодно

---

7) Како́й ваш са́мый люби́мый сезо́н? Говори́те на ру́сском языке́.

제6과

취미

제6과 취미

회화(разговор)

1) — Какóе у вáс люби́мое заня́тие, Сергéй?

  — Я люблю́ слу́шать му́зыку и смотрéть телеви́зор.

  — Каку́ю му́зыку вы лю́бите?

  — Я люблю́ театрáльную му́зыку. Вчерá мы с подру́гой бы́ли в кинотеáтре.

  — Пра́вда?

  — Да. А какóе у вáс люби́мое заня́тие, господи́н Ким?

  — Я люблю́ компью́терные и́гры.

  — 당신의 취미는 무엇입니까, 세르게이씨?

  — 저는 음악감상과 TV시청을 좋아합니다.

  — 어떤 음악을 좋아합니까?

  — 영화음악을 좋아합니다. 어제는 여자친구와 함께 영화관에 갔었습니다.

  — 정말인가요?

  — 예. 그러면 당신의 취미는 무엇입니까, 김 선생님?

  — 저는 컴퓨터 게임을 좋아합니다.

2) — Что вы де́лаете обы́чно ве́чером, господи́н Пак?

— Обы́чно ве́чером я чита́ю кни́ги и́ли слу́шаю му́зыку. А что вы де́лаете, господи́н Ивано́в?

— Я отдыха́ю и́ли гуля́ю. Когда́ у меня́ есть свобо́дное вре́мя, я хожу́ в кинотеа́тр. Я о́чень люблю́ смотре́ть кинофи́льмы. А вы?

— Я занима́юсь спо́ртом. Я о́чень люблю́ спорт.

— 저녁에 보통 무엇을 하십니까, 박 선생님?

— 저는 저녁에 보통 책을 읽거나 음악을 듣습니다. 당신은 무엇을 하시나요, 이바노프씨?

— 저는 휴식을 취하거나 산책을 합니다. 한가한 시간이 날 때는 영화관에 다닙니다. 저는 영화를 무척 좋아하거든요. 당신은요?

— 저는 운동을 합니다. 스포츠를 매우 좋아하거든요.

새 단어 (новые слова)

люби́мое заня́тие	좋아하는 일, 취미 (= хобби)
господи́н	~씨(남자 호칭), ~жа(여자 호칭)
му́зыка	음악(여)
телеви́зор	텔레비전(남)
театра́льный	극장의(형), ~ая му́зыка 영화음악
подру́га	여자친구(여)
мы с подру́гой	나와 여자친구는 (я и подруга의 의미)
бы́ли	~였다, 갔었다(быть의 과거복수형)
кинотеа́тр	영화관(남)
компью́тер	컴퓨터(남)

компью́терные и́гры	컴퓨터 게임
обы́чно	보통(부)
ве́чером	저녁에(부)
гуля́ть(1)(гуля́-ю, −ешь, −ет, −ем, −ете, −ют) 산책하다
когда́	언제, ~할 때(접)
есть	~이다, ~이 있다(연사быть 현재형)
свобо́дное вре́мя	여가시간
ходи́ть(2)(хожу, ходишь, ходит, ходим, ходите, ходят)
	(습관적으로) 다니다(부정태)
кинофи́льм	영화(남)
занима́ться(1)(занима́-юсь, −ешься, −ется, −емся, етесь, ются)
	~에 종사하다, 전념하다(+ 조격보어)
спорт	스포츠(남)

🔅 문법(грамматика)

1. 러시아어의 의문사

1) 6하 원칙

(1) кто   누가?   화자의 관심은 행위자

  예) − Кто э́то?

      − Это студе́нт.

      − Кто говори́т по−ру́сски?

      − По−ру́сски говори́т Серге́й.

      − Кто спит до́ма?

      − До́ма спит оте́ц.

      − Кто чита́ет кни́гу?

– Кни́гу чита́ет мой друг.

(2) когда́   언제?   화자의 관심은 시간

예) – Когда́ он отдыха́ет?

　　 – Он отдыха́ет ве́чером.

　　 – Когда́ вы ложи́тесь спать?

　　 – Я ложу́сь спать в оди́ннадцать часо́в ве́чера.

　　 – Когда́ он возвраща́ется домо́й?

　　 – Он возвраща́ется домо́й за́втра.

　　☞ 시간을 나타내는 표현들

у́тром	아침에	днём	낮에
ве́чером	저녁에	но́чью	밤에
весно́й	봄에	ле́том	여름에
о́сенью	가을에	зимо́й	겨울에
ра́но	일찍	по́здно	늦게

(3) где   어디서?   화자의 관심은 장소

예) – Где он у́чится?

　　 – Он у́чится в библиоте́ке.

　　 – Где он отдыха́ет?

　　 – Он отдыха́ет до́ма.

　　 – Где он спит?

　　 – Он спит в ко́мнате.

　　☞ 장소를 나타내는 표현들
　　　1) 장소를 나타내는 부사

до́ма	집에서	здесь	여기에
там	저기에	вблизи́	가까이에
далеко́	멀리에	ря́дом	나란히

недалеко́   가까이에

2) 장소를 지시하는 전치사 + 명사 전치격

* 장소를 나타내는 전치사는 в, на, при 등이 있으며 이들 전치사와
결합하여 장소의 의미를 갖는 대부분의 명사들은 마지막 형태가
－е로 바뀐다.

в библиоте́ке	도서관에(서)
в ко́мнате	방에(서)
в теа́тре	극장에(서)
в па́рке	공원에(서)
в магази́не	상점에(서)

(4) что   무엇이(을)?   화자의 관심은 대상

예) － Что э́то?   이것은 무엇입니까?

－ Это кни́га.   이것은 책입니다.

－ Что вы чита́ете?   당신은 무엇을 읽고 있나요?

－ Я чита́ю газе́ту.   나는 신문을 읽어요.

－ Что вы изуча́ете?   당신은 무엇을 공부합니까?

－ Я изуча́ю ру́сский язык. 저는 러시아어를 공부합니다.

(5) как   어떻게?   화자의 관심은 행위방법

예) － Как он чита́ет кни́гу?   그는 어떻게 책을 읽나요?

－ Он чита́ет кни́гу гро́мко.   그는 큰소리로 책을 읽어요.

－ Как он говори́т по－ру́сски?   그는 러시아어를 어느정도 하나요?

－ Он говори́т по－ру́сски хорошо́. 그는 러시아어를 잘 합니다.

－ Как вы себя́ чу́вствуете сего́дня? 당신은 오늘 컨디션이 어떠한가요?

－ Сего́дня я чу́вствую себя́ пло́хо. 오늘 저는 컨디션이 좋지 않군요.

☞ 행위방법을 나타내는 부사들

хорошо́	잘	пло́хо	서툴게
бы́стро	빨리	ме́дленно	천천히

отли́чно	빼어나게	ужа́сно	두렵게
замеча́тельно	멋지게	великоле́пно	최상으로
гро́мко	큰소리로	ти́хо	조용하게

(6) почему́   왜?   화자의 관심은 원인

예) – Почему́ вы не рабо́таете сего́дня?

왜 당신은 오늘 일을 하지 않습니까?

– Потому́ что, у меня́ боли́т голова́.

왜냐하면 머리가 아파요.

– Почему́ вы не ку́шаете?

왜 당신은 안 드시나요?

– Потому́ что, у меня́ нет аппети́та.

왜냐하면 식욕이 없기 때문입니다.

– Почему́ вы вста́ли так по́здно сего́дня?

오늘 당신은 왜 그렇게 늦게 일어났나요?

– Потому́ что, вчера́ я рабо́тал о́чень до́лго.

왜냐하면 저녁에 매우 오랫동안 일을 했어요.

2) 그 밖의 의문사

(1) како́й – кака́я– како́е – каки́е

어떠한?   화자의 관심은 대상의 성질(형용사)

예) – Како́й э́то дом?   이것은 어떤 집인가요?

– Это но́вый дом.   이것은 새 집입니다.

– Како́й там магази́н?   저기에는 무슨 상점인가요?

– Это кни́жный магази́н.   서점입니다.

– Каку́ю кни́гу вы чита́ете?   당신은 어떤 책을 읽고 있나요?

– Я чита́ю ру́сскую кни́гу.   저는 러시아책을 읽어요.

☞ 대상의 성질을 나타내는 형용사류(관계형용사 포함)

но́вый	새로운	ста́рый	낡은
хоро́ший	좋은	плохо́й	나쁜
высо́кий	높은	ни́зкий	낮은
дли́нный	긴	коро́ткий	짧은
стро́гий	엄한	до́брый	선량한
большо́й	커다란	ма́ленький 작은	

(2) ско́лько 몇, 얼마나? 화자의 관심은 수량

예) - Ско́лько вы получа́ете в ме́сяц? 당신은 한 달에 얼마나 받으십니까?

- В ме́сяц я получа́ю ты́сячу до́лларов.

저는 한 달에 1000달러를 받습니다.

- Ско́лько э́то сто́ит? 이것은 얼마입니까?

- Э́то сто́ит де́сять до́лларов. 이것은 10달러입니다.

- Ско́лько вы бу́дете у нас? 당신은 우리집에 얼마나 계실겁니까?

- Я бу́ду у вас ме́сяц. 저는 한달간 있을겁니다.

☞ 수 / 양을 나타내는 표현들

мно́го	많게, 많다	ма́ло	적게, 적다
немно́го	많지 않다	нема́ло	적지 않다
до́рого	비싸다	дёшево	값싸다

수사 (оди́н, два, три, четы́ре, пять, шесть, семь, во́семь, де́вять, де́сять ...)

(3) кото́рый 몇 번째? 화자의 관심은 순차성

예) - Кото́рый час? 몇 시입니까?

- Уже́ час. 벌써 1시네요.

(4) заче́м 무엇 때문에? 화자의 관심은 행위의 의도, 목적

예) - Заче́м ты сде́лал э́то? 왜 너는 이것을 했니?

- Про́сто, так. 그냥.

2. 취미와 관련된 어휘

1) 운동(спорт)

футбо́л	축구	баскетбо́л	농구
волейбо́л	배구	те́ннис	테니스
сквош	스쿼시	коньки́	스케이트
бейсбо́л	야구	ке́гли	볼링
насто́льный те́ннис	탁구	билья́рд	당구
гимна́стика	체조	пла́вание	수영

2) 오락(развлечение)

слу́шать му́зыку	음악감상
смотре́ть телеви́зор	텔레비젼 시청
ходи́ть в кинотеа́тр	영화감상
чита́ть кни́гу	독서
отдыха́ть	휴식
спать	수면
пла́вание	수영
болта́ть	수다떨기
пить алкого́льные напи́тки	음주
прогу́лка на маши́не	드라이브 하기
путеше́ствие	여행하기
де́лать поку́пки	쇼핑하기
гуля́ть	산책하기

연습문제(упражнения)

1) 아래 문장에 대해 대답해 보시오.

　가. Како́е ва́ше люби́мое заня́тие?

　나. Вы ча́сто слу́шаете му́зыку?

　다. Каку́ю му́зыку вы лю́бите?

　라. Како́й вид спо́рта вы лю́бите?

　마. Почему́ вы лю́футбо́л?

　바. Вы ча́сто игра́ете в баскетбо́л?

　사. Каки́е фи́льмы вы лю́бите?

　아. Вы лю́бите слу́шать ра́дио?

　자. Когда́ вы игра́ете в те́ннис, у́тром или ве́чером?

2) 아래의 의문사들을 해당 러시아어로 바꿔 보시오.

　가. 누가　　　　　나. 언제　　　　　다. 어디서

　라. 무엇이(을)　　마. 어떻게　　　　바. 왜

　사. 어떠한　　　　아. 얼만큼

3) 의문사를 활용하여 아래의 문장을 러시아어로 옮겨 보시오.

　가. 당신의 취미는 무엇입니까?

　나. 언제 당신은 휴식을 취하십니까?

　다. 당신은 어디에서 공부하십니까?

　라. 지금 무엇을 읽고 계십니까?

　마. 그는 러시아어를 어떻게 말합니까?

　바. 당신은 한 달에 얼마를 받으십니까?

　사. 누가 방에서 잠자고 있습니까?

　아. 당신은 왜 오늘 늦게 일어나셨습니까?

4) 아래의 한국어 문장을 러시아어로 옮겨 보시오.

> 나의 취미는 음악감상입니다. 나는 보통 집에서 음악을 듣습니다. 그리고 컴퓨터 게임도 아주 좋아합니다. 한가한시간이 있을 때면 영화관에도 갑니다. 왜냐하면 영화감상을 무척 좋아하기 때문입니다. 나의 여자친구는 쇼핑하는 것을 좋아합니다. 그녀는 산책하는 것도 좋아합니다. 그래서 우리는 한가한 시간이 있을 때 함께 산책을 합니다.

5) Какое ваше любимое занятие? Расскажите о вашем любимом занятии на русском языке.

제7과

가족

제7과 가족

🌸 **회화**(разговор)

1) ‒ Кто э́то?

‒ Это мой па́па.

‒ Как его́ зову́т?

‒ Его́ зову́т Андре́й.

‒ А э́то кто?

‒ Это моя́ ма́ма. Её зову́т Ната́ша.

‒ У вас есть брат и сестра́?

‒ Да, есть. Моего́ бра́та зову́т Ко́ля, а мою́ сестру́ ‒ Ле́на.

Мой брат ‒ студе́нт, а моя́ сестра́ ‒ студе́нтка.

‒ 이분은 누구십니까?

‒ 이분은 저의 아빠입니다.

‒ 성함이 어떻게 됩니까?

‒ 안드레이입니다.

‒ 그럼 이분은 누구십니까?

‒ 이분은 저의 엄마입니다. 성함은 나타샤입니다.

‒ 당신은 형과 누이가 있나요?

– 예, 있어요. 형 이름은 꼴랴이고 누이는 레나입니다. 제 형은 학생이고
　제 누이도 학생입니다.

2) – Чья э́то фотогра́фия, господи́н Ким?

– Э́то фотогра́фия мое́й семьи́.

– Ско́лько челове́к в ва́шей семье́?

– Нас пя́теро: оте́ц, мать, брат, сестра́ и я.

– Что де́лает ваш оте́ц?

– Мой оте́ц рабо́тает на фи́рме. Он инжене́р.

– А мать?

– Моя́ мать – домохозя́йка.

– А брат и сестра́?

– Брат – студе́нт, а сестра́ – учи́тельница.

– 김선생님, 이것은 누구의 사진입니까?

– 이것은 제 가족사진입니다.

– 당신 가족은 몇 명입니까?

– 전부 5명입니다. 아버지, 어머니, 형, 누이 그리고 저입니다.

– 아버지는 무슨 일을 하십니까?

– 아버지는 회사에서 일 하십니다. 기사입니다.

– 어머니는요?

– 어머니는 주부입니다.

– 형과 누이는요?

– 형은 대학생이고 누이는 교사입니다.

새 단어(новые слова)

его́	그를(он의 대격)
зову́т(1) (зову́, зовёшь, зовёт, зовём, зовёте, зову́т)	부르다, 이름이 ~이다
ex) Меня́ зову́т Же́ня.	내 이름은 줴냐입니다.
Его́ зову́т Анто́н.	그의 이름은 안톤입니다.
Её зову́т Ле́на.	그녀의 이름은 레나입니다.
её	그녀를(она́의 대격)
у вас есть ~ ?	당신에게는 ~이 있습니까?
студе́нт	대학생(남), ~ка(여)
чей − чья(여) − чьё(중) − чьи(복)	
	누구의(의문소유대명사)
фотогра́фия	사진(여)
семья́	가족(여)
челове́к	사람(남)
всего́	전부해서(부)
пя́теро	다섯 명(집합수사)
фи́рма	회사(여)
инжене́р	기사(남)
домохозя́йка	가정주부(여)
учи́тельница	교사(여)

📖 문법 (грамматика)

1. 러시아어 의문소유대명사

☞ 러시아어의 의문소유대명사 **чей**(누구의)는 남성, 여성, 중성, 복수 형태가 있으며, 지시대명사 **это**와 결합하여 사용한다.

남성	여성	중성	복수
чей	чья	чьё	чьи

예) – Чей э́то дом?　　　　　　이것은 누구의 집입니까?

　　– Это мой дом.　　　　　　이것은 나의 집입니다.

　　– Чья э́то кни́га?　　　　　이것은 누구의 책입니까?

　　– Это его́ кни́га.　　　　　이것은 그의 책입니다.

　　– Чьё э́то письмо́?　　　　이것은 누구의 편지입니까?

　　– Это их письмо́.　　　　　이것은 그들의 편지입니다.

　　– Чьи э́то кни́ги?　　　　　이것은 누구의 책들입니까?

　　– Это их кни́ги.　　　　　　이것은 그들의 책들입니다.

☞ 의문소유대명사가 사용된 질문에는 인칭소유대명사를 이용하거나, 일반 명사의 생격 형태를 사용하여 대답한다.

예) Это кни́га студе́нта.　　　이것은 학생의 책입니다.

　　Это письмо́ моего́ дру́га.　이것은 내 친구의 편지입니다.

　　Это маши́на отца́.　　　　이것은 아버지의 자동차입니다.

2. 러시아어 명사의 격

☞ 러시아어 명사의 격은 6격이 있고 성과 수에 따라 서로 다른 격변화 어미를 갖는다.

　② 주격(~은/는, ~이/가, ~이다)　　주어, 술어 표현

③ 생격(~의)   소유, 출처 표현

④ 여격(~에게)   행위의 수여자 표현

⑤ 대격(~을, ~를)   목적어 표현

⑥ 조격(~을 가지고, ~에 의해)   수단, 도구의 의미

⑦ 전치격(전치사와 함께)   전치사의 의미를 따라감

1) 생격(роди́тельный паде́ж)

성	형태	생격 어미
남성명사	자음으로 끝나는 명사 −й로 끝나는 명사 −ь로 끝나는 명사	# > a й > я ь > я
여성명사	−а로 끝나는 명사 −я로 끝나는 명사 −ь로 끝나는 명사	а > ы я > и ь > и
중성명사	−о로 끝나는 명사 −е로 끝나는 명사 −мя로 끝나는 명사	о > а е > я мя > мени

예) ① 남성명사

дом − до́ма, край − кра́я, учи́тель − учи́теля

② 여성명사

ла́мпа − ла́мпы, неде́ля − неде́ли, жизнь − жи́зни

③ 중성명사

окно́ − окна́, по́ле − по́ля, вре́мя − вре́мени

☞ 어간이 г, к, х, ж, ч, ш, щ 로 끝나는 여성명사의 생격 어미는 ы가

아니라 и이다.

2) 여격(дательный падеж)

성	형 태	여격 어미
남성명사	자음으로 끝나는 명사	# > у
	-й로 끝나는 명사	й > ю
	-ь로 끝나는 명사	ь > ю
여성명사	-а로 끝나는 명사	а > е
	-я로 끝나는 명사	я > е
	-ь로 끝나는 명사	ь > и
중성명사	-о로 끝나는 명사	о > у
	-е로 끝나는 명사	е > ю
	-мя로 끝나는 명사	мя > мени

예) ① 남성명사

дом - до́му, край - кра́ю, учи́тель - учи́телю

② 여성명사

ла́мпа - ла́мпе, неде́ля - неде́ле, жизнь - жи́зни

③ 중성명사

окно́ - окну́, по́ле - по́лю, вре́мя - вре́мени

3. У меня́ есть ～ "나는 ～을 가지고 있다"의 표현

☞ 전치사 у + 인칭대명사의 생격 + есть 구문을 활용하여 ～는 ～을 가지고 있다의 의미를 나타낸다.

예) У меня́ есть кни́га.　　　　　　나는 책이 있다.

У тебя́ есть подру́га.　　　　　너는 여자친구가 있다.

У него́ есть па́па и ма́ма.　　그는 아빠와 엄마가 있다.

У неё есть ба́бушка.　　　　　그녀는 할머니가 있다.

У нас есть друзья́.　　　　　　우리는 친구들이 있다.

У вас есть хоро́ший друг.　　당신은 좋은 친구가 있다.

У них есть свои́ маши́ны.　　그들은 자신의 차를 가지고 있다.

* 인칭대명사의 생격과 대격

인칭대명사	생격	대격
я	меня́	меня́
ты	тебя́	тебя́
он	его́	его́
она́	её	её
мы	нас	нас
вы	вас	вас
они́	их	их

☞ 인칭대명사의 생격과 대격은 동일한 형태를 지님

☞ 전치사 y는 결합하는 명사의 생격을 지배하며 "~곁에, ~옆에, ~한테"
라는 의미를 갖는다.

☞ У меня есть ~의 구문을 활용한 답변을 요구하는 질문은 의문사 кто
를 활용하여 만든다.

예) ‒ У кого́ есть кни́га?

    ‒ У меня́ есть кни́га.

* 의문대명사 кто, что의 생격과 대격

인칭대명사	생격	대격
кто	кого́	кого́
что	чего́	что́

활용의 예)

‒ У кого́ есть вопро́с?   누가 질문이 있습니까?

‒ У меня́ есть вопро́с.   제가 질문이 있습니다.

‒ Кого́ вы лю́бите?   당신은 누구를 사랑합니까?

– Я люблю́ её.　　　　　나는 그녀를 사랑합니다.

– Что э́то?　　　　　　이것은 무엇입니까?

– Это стол.　　　　　　이것은 책상입니다.

– Что вы чита́ете?　　　당신은 무엇을 읽고 있습니까?

– Я чита́ю кни́гу.　　　 저는 책을 읽고 있습니다.

🌿 가족 및 직업과 관련된 어휘

де́душка	할아버지	ба́бушка	할머니
оте́ц	아버지	мать	어머니
внук	손자	вну́чка	손녀
сын	아들	дочь	딸
ста́рший брат	형	мла́дший брат	남동생
ста́ршая сестра́	누이	мла́дшая сестра́	여동생
дя́дя	삼촌	тётя	숙모
племя́нник	조카(남)	племя́нница	조카(여)
близне́ц	쌍둥이	больша́я семья́	대가족
домохозя́йка	주부	рабо́чий	근로자
инжене́р	기사	води́тель	운전기사
крестья́нин	농부	преподава́тель	교수
учи́тель	선생	врач	의사
адвока́т	변호사	слу́жащий	공무원
солда́т	군인	офице́р	장교
медсестра́	간호사	судья́	판사
апте́карь	약사	военнослу́жащий	군무원

🌸 가족과 관련된 표현 익히기

Это мой оте́ц.	이분은 나의 아버지이다.
Это моя́ ма́ма.	이분은 나의 어머니이다.
Это мой де́душка.	이분은 나의 할아버지시다.
Это моя́ ба́бушка.	이분은 나의 할머니시다.
Де́душка — оте́ц отца́.	할아버지는 아버지의 아버지시다.
Ба́бушка — мать ма́тери.	할머니는 어머니의 어머니시다.
Оте́ц рабо́тает на фи́рме.	아버지는 회사에 다니신다.
Мать домохозя́йка.	어머니는 가정주부이시다.
Сестра́ рабо́тает ги́дом.	누이는 가이드로 일한다.

연습문제(упражнения)

1) 의문소유대명사를 활용하여 아래의 문장을 러시아어로 옮기시오.

　가. — 이것은 누구의 자동차입니까?

　　　— 이것은 그 사람의 자동차입니다.

　나. — 이 사람은 누구의친구입니까?

　　　— 이 사람은 그들의 친구입니다.

　다. — 이것은 누구의 책입니까?

　　　— 이것은 그녀의 책입니다.

　라. — 이것은 누구의 집입니까?

　　　— 이것은 우리의 집입니다.

　마. — 이것은 누구의 편지인가요?

　　　— 이것은 너의 편지야.

2) 아래 명사들의 생격과 여격 변화어미를 적으시오.

дом	ла́мпа
окно́	письмо́
кни́га	тетра́дь
учи́тель	друг
жизнь	вре́мя
и́мя	по́ле
геро́й	край
язы́к	морко́вь

3) 아래의 문장을 러시아어로 옮기시오.

> 나의 가족은 5명이다. 아버지, 어머니, 형, 누나, 그리고 나이다. 아버지는 회사원이고, 어머니는 가정주부이시다. 형은 대학생이고 누나는 회사에 다닌다. 나도 학생이다. 나는 우리 가족을 무척 사랑한다.

4) Расскажите о своей семье на русском языке.

제**8**과

수 읽기

제**8**과 수 읽기

🎀 회화(разговор)

1) ‒ Како́е число́ сего́дня?

‒ Сего́дня пе́рвое октября́.

‒ А! Уже́ октя́брь. А како́й день?

‒ Понеде́льник.

‒ А когда́ начина́ются экза́мены?

‒ С пятна́дцатого октября́.

‒ 오늘이 며칠입니까?

‒ 오늘은 10월 1일입니다.

‒ 아! 벌써 10월이군요. 무슨 요일인가요?

‒ 월요일입니다.

‒ 시험은 언제 시작되나요?

‒ 10월 15일부터요.

---

2) ‒ Како́е число́ сего́дня?

‒ Сего́дня пе́рвое ию́ня.

‒ А како́й день?

- Пя́тница. За́втра уже́ суббо́та.

- Что вы бу́дете де́лать в суббо́ту и воскресе́нье?

- Я бу́ду занима́ться, потому́ что ско́ро у меня́ бу́дут экза́мены.

- А когда́ начина́ются ле́тние кани́кулы?

- В конце́ ию́ня.

- А как до́лго продолжа́ются каникулы́?

- Они́ продолжа́ются два ме́сяца. Второ́й семе́стр начина́ется пе́рвого сент
ября́.

- 오늘이 며칠입니까?

- 오늘은 6월 1일입니다.

- 무슨 요일입니까?

- 금요일입니다. 내일은 벌써 토요일이구요.

- 토요일과 일요일에 무엇을 하실 겁니까?

- 공부할 계획입니다. 왜냐하면 곧 시험이거든요.

- 여름방학은 언제 시작됩니까?

- 6월 말에요.

- 방학은 얼마동안 지속됩니까?

- 두 달 동안요. 2학기는 9월 1일에 시작됩니다.

---

3) - Что вы бу́дете де́лать на кани́кулах?

- Я пое́ду учи́ться в Росси́ю. А вы?

- Я собира́юсь путеше́ствовать по стране́.

- Это бу́дет интере́сно.

- И вам то́же. Как до́лго вы бу́дете жить в Росси́и?

- Я бу́ду там жить четы́ре неде́ли.

> – 방학 때 무엇을 하실 겁니까?
>
> – 저는 러시아에 공부하러 갈 계획입니다. 당신은요?
>
> – 저는 국내여행을 할 생각입니다.
>
> – 재미있겠군요.
>
> – 당신도요. 러시아에는 얼마나 계실 생각입니까?
>
> – 4주간 있을 예정입니다.

새 단어(новые слова)

число́	날짜, 일(중)
сего́дня	오늘(부)
пе́рвый – ая – ое – ые	첫 번째의(순서수사)
октя́брь	10월(남)
како́й день?	무슨 요일입니까?
понеде́льник	월요일(남)
начина́ться(1)	시작되다(재귀)
экза́мены	시험(экзамен의 복수)
с	[+생격] ~때부터, ~로부터, ~이 끝난 후
пятна́дцатый – ая – ое – ые	15번째(순서수사)
ию́нь	6월(남)
пя́тница	금요일(여)
за́втра	내일(부)
суббо́та	토요일(여)
воскресе́нье	일요일(중)
учи́ться(2) (учу́сь, у́чишься, у́чится, у́чимся, у́читесь, у́чатся)	배우다, 공부하다

скóро	곧(부)
лéтний ¬яя ¬ее ¬ие	여름의(형)
канúкулы	방학(복)
конéц	끝, 종료
в концé [+ 소유격]	~의 끝에
как дóлго	얼마나 오랫동안
продолжáться(1)	계속되다(재귀)
два	2(남, 중)
две	2(여)
вторóй — áя — óе — ы́е	두 번째의(순서수사)
семéстр	학기(남)
сентя́брь	9월(남)

поéхать(1) (поéду, поéдешь, поéдет, поéдем, поéдете, поéдут)

(타고) 출발하다, 가다

в Россúю	러시아로

собирáться(1) (собирáюсь, собирáешься, собирáется, собирáемся, собирáетесь,
собирáются)   ~할 계획이다(조동사)

путешéствовать(1) (путешéствую, путешéствуешь, путешéствует,
путешéствуем, путешéствуете, путешéствуют)

여행하다

странá	나라(여)
по странé	국내를 따라
интерéсно	흥미있다(부)
вам	당신에게는, 당신으로서는(вы의 여격)
четы́ре	4
недéля	1주(여)

🐣 문법(грамматика)

1. 수사(имя числительное)

☞ 러시아어의 수사에는 기수와 순서의 개념을 갖는 서수가 있다. 기수는 결합하는 명사의 격을 지배하며 서수는 형용사와 같은 기능을 한다.

☞ 수사 1은 남성, 여성, 중성, 복수형이 있으며, 결합하는 명사와 성, 수, 격을 일치시켜야 한다. 1의 복수형은 복수명사와 쓰이거나 오직, 단지의 의미로 쓰일 때 사용한다.

☞ 수사 2, 3, 4는 명사의 단수 생격형태와 결합한다.

☞ 수사 5 ~20은 명사의 복수 생격형태와 결합한다.

☞ 20 이상의 수사는 합성수사로 구성되며, 끝자리 수사에 의해 명사의 격지배 형태가 결정된다.

1) 기수

1	оди́н(남), одна́(여), одно́(중), одни́(복)
2	два(남, 중), две(여)
3	три
4	четы́ре
5	пять
6	шесть
7	семь
8	во́семь
9	де́вять
10	де́сять
11	оди́ннадцать
12	двена́дцать
13	трина́дцать

14	четы́рнадцать
15	пятна́дцать
16	шестна́дцать
17	семна́дцать
18	восемна́дцать
19	девятна́дцать
20	два́дцать
21	два́дцать оди́н
22	два́дцать два
30	три́дцать
31	три́дцать оди́н
40	со́рок
50	пятьдеся́т
60	шестьдеся́т
70	се́мьдесят
80	во́семьдесят
90	девяно́сто
100	сто
200	две́сти
300	три́ста
400	четы́реста
500	пятьсо́т
600	шестьсо́т
700	семьсо́т
800	восемьсо́т
900	девятьсо́т
1,000	ты́сяча
1만	де́сять ты́сяч

십만	сто ты́сяч
백만	миллио́н
천만	де́сять миллио́нов
1억	сто миллио́нов
10억	миллиа́рд
100억	де́сять миллиа́рдов
천억	сто миллиа́рдов
조	ты́сяча миллиа́рдов

2) 서수

☞ 서수는 형태적으로도 기능적으로도 형용사와 유사하며 층수, 일자, 연도의
마지막 단위, 세기 등과 같이 순서의 의미를 지니고 있는 표현에서 사용된다.

1번째의	пе́рвый, пе́рвая, пе́рвое, пе́рвые
2번째의	второ́й, втора́я, второ́е, вторы́е
3번째의	тре́тий, тре́тья, тре́тье, тре́тьи
4번째의	четвёртый, четвёртая, четвёртое, четвёртые
5번째의	пя́тый, пя́тая, пя́тое, пя́тые
6번째의	шесто́й, шеста́я, шесто́е, шесты́е
7번째의	седьмо́й, седьма́я, седьмо́е, седьмы́е
8번째의	восьмо́й, восьма́я, восьмо́е, восьмы́е
9번째의	девя́тый, девя́тая, девя́тое, девя́тые
10번째의	деся́тый, деся́тая, деся́тое, деся́тые
11번째의	оди́ннадцатый － ая － ое － ые
12번째의	двена́дцатый － ая － ое － ые
13번째의	трина́дцатый － ая － ое － ые
14번째의	четы́рнадцатый － ая － ое － ые
20번째의	двадца́тый － ая － ое － ые
21번째의	два́дцать пе́рвый － ая － ое － ые

30번째의	тридца́тый — ая — ое — ые
40번째의	сороково́й — а́я — о́е — ы́е
50번째의	пятидеся́тый — ая — ое — ые
60번째의	шестидеся́тый — ая — ое — ые
70번째의	семидеся́тый — ая — ое — ые
80번째의	восьмидеся́тый — ая — ое — ые
90번째의	девяно́стый — ая — ое — ые
100번째의	со́тый — ая — ое — ые
200번째의	двухсо́тый — ая — ое — ые
300번째의	трёхсотый — ая— ое — ые
1000번째의	ты́сячный — ая — ое — ые
백만 번째의	миллио́нный — ая — ое — ые
10억 번째의	миллиа́рдный — ая — ое — ые

2. 월과 요일 표현

1) 1월 ~ 12월

янва́рь, февра́ль, ма́рт, апре́ль, май, ию́нь, ию́ль,
а́вгуст, сентя́брь, октя́брь, ноя́брь, дека́брь

2) 월요일 ~ 일요일

понеде́льник, вто́рник, среда́, четве́рг,
пя́тница, суббо́та, воскресе́нье

3) 월 표현법

☞ 월 표현은 в + 전치격으로 나타낸다.

예)

B	январе́	1월에
	феврале́	2월에
	ма́рте	3월에
	апре́ле	4월에
	ма́е	5월에
	ию́не	6월에
	ию́ле	7월에
	а́вгусте	8월에
	сентябре́	9월에
	октябре́	10월에
	ноябре́	11월에
	декабре́	12월에

* 월명의 전치격 어미는 모두 −е이다.

☞ 요일의 표현은 в + 대격으로 나타낸다.

예)

в(о)	понеде́льник	월요일에
	вто́рник	화요일에
	сре́ду	수요일에
	четве́рг	목요일에
	пя́тницу	금요일에
	суббо́ту	토요일에
	воскресе́нье	일요일에

* 요일을 나타내는 남성명사들의 대격 어미는 주격과 동일하며, −а로
끝나는 여성명사의 대격 어미는 −у이다.

3. 날짜 표현법

☞ 날짜는 일, 월, 연도 순으로 표현한다.

☞ 일 – 서수 중성형, 월 – 월명 생격형, 연도 – 서수 생격형

　예) 2002년 7월 4일

　　　Четвёртое(число) и́юля две ты́сячи второ́го го́да.

　　　1997년 12월 25일

　　　Два́дцать пя́тое декабря́ ты́сяча девятьсо́т девяно́сто седьмо́го го́да.

　　　1980년 5월 18일

　　　Восемна́дцатое ма́я ты́сяча девятьсо́т восьмидеся́того го́да.

　　　1945년 8월 15일

　　　Пятна́дцатое а́вгуста ты́сяча девятьсо́т со́рок пя́того го́да.

　　　2013년 3월 2일

　　　Второ́е ма́рта две ты́сячи трина́дцатого го́да.

　＊ 수사가 합성형으로 이루어져 있을 때, 수사의 서수형은 맨 마지막 구
　　성소만 서수형으로 바뀐다.

예) два́дцать пя́тый челове́к	25번째 사람
три́дцать пе́рвое число́	31일
ты́сяча девятьсо́т шестьдеся́т пя́тый год.	1965년

　＊ "~일에"의 표현은 서수사를 생격으로 사용하면 된다.

예) два́дцать пя́того ма́я.	5월 25일에
пе́рвого октября́.	10월 1일에
тре́тьего октября́.	10월 3일에

4. 나이 표현법

☞ 나이를 물어보는 의문문, 즉 '-는 몇살입니까?'는 'ско́лько + 여격 명사(인칭 대명사) + лет?' 형식을 사용한다.

예) Ско́лько вам лет?　　　　　당신은 몇 살입니까?

　　Ско́лько тебе́ лет?　　　　 너 몇 살이니?

　　Ско́лько ей лет?　　　　　그녀는 몇 살입니까?

☞ '-는 - 살입니다'라는 대답은 여격 명사(인칭대명사) + 기수사 + год(1), го́да(2-4), лет(5이상)의 표현을 사용한다.

예) Мне два́дцать оди́н год.　　　나는 21살입니다.

　　Ему́ со́рок три го́да.　　　　그는 43살입니다.

　　Ей три́дцать пять лет.　　　그녀는 35살입니다.

☞ '-보다 나이가 적다'라는 표현과 '-보다 나이가 많다'의 표현은 각각 형용사 ста́рый '늙은, 나이 든'와 молодо́й '젊은'의 비교급 형태인 ста́рше와 моло́же를 사용한다. 비교 대상 앞에는 접속사 чем을 쓰는데, 이 경우 чем 앞에 항상 ','가 수반된다. 접속사 чем 없이 비교할 경우에는 비교 대상이 생격 형태가 된다.

예) Он моло́же, чем я.　　　　그는 나보다 젊다, 어리다.

　　= Он моло́же меня́.

　　Инсу ста́рше, чем Анна.　인수는 안나보다 나이가 많다.

　　= Инсу ста́рше Анны.

☞ 비교 대상이 되는 수나 양은 '전치사 на + 대격' 형태를 사용한다.

예) Я ста́рше её на два го́да.　　나는 그녀보다 2살 많다.

　　Она́ моло́же меня́ на пять лет.　그녀는 나보다 5살 어리다.

5. 명사의 조격과 전치격

성	형 태	조격 어미	전치격 어미
남성명사	자음으로 끝나는 명사	# > ом	# > е
	-й로 끝나는 명사	й > ем	й > е
	-ь로 끝나는 명사	ь > ем	ь > е
여성명사	-а로 끝나는 명사	а > ой	а > е
	-я로 끝나는 명사	я > ей	я > е
	-ь로 끝나는 명사	ь > ью	ь > и
중성명사	-о로 끝나는 명사	о > ом	о > е
	-е로 끝나는 명사	е > ем	е > е
	-мя로 끝나는 명사	мя > менем	мя > мени

☞ 조격은 '신분'이나 '자격', '도구', '수단', '방법' 등의 의미를 나타내며, 전치
사 'с'와 결합할 경우에는 '동반'의 의미를 가진다.

* 명사조격 활용의 예)

Я рабóтаю врачóм.	나는 의사로 일한다.
Я рабóтаю учи́телем.	나는 교사로 일한다.
Он рабóтает ги́дом.	나는 가이드로 일한다.
Онá рабóтает секретáршей.	나는 비서로 일한다.
Я пишу́ карандашóм.	나는 연필로 쓴다.
Он пи́шет ру́чкой.	나는 펜으로 쓴다.
Я éду домóй маши́ной.	나는 자동차로 집에 간다.
Я éду домóй пóездом.	나는 기차로 집에 간다.
Я ем лóжкой.	나는 숟가락으로 밥을 먹는다.
Он гуля́л с собáчкой.	그는 강아지와 산책했다.
Мы шли с пéсней.	우리는 노래를 부르며 갔다.

* 어간이 −ч, −ж, −ш, −щ로 끝나는 명사의 경우, 어미에 강세가 있으면 남
성 단수 및 여성 단수 어미가 −óм, −óй이지만, 어미에 강세가 없을 경우
에는 각각 −ем, −ей가 된다.

예) карандашóм   −   товáрищем
    рýчкой   −   столúцей

☞ 전치격은 항상 전치사와 함께 쓰이며 전치사의 의미와 결합한다.

☞ −ий, −ия, −ие로 끝나는 명사들의 전치격 어미는 −ии이다.

예) санатóрий   요양소   в санатóрии   요양소에서
    лéкция   강의   на лéкции   강의중에
    здáние   건물   в здáнии   건물에
    общежúтие   기숙사   в общежúтии   기숙사에서

☞ 전치격 어미로 −e가 아닌 −y를 갖는 남성명사들도 있다. 이 경우 어미 -y
에 항상 강세가 떨어진다.

예) сад   정원   в садý   정원에
    пол   바닥, 마루   на полý   마루에
    лес   숲   в лесý   숲에
    бéрег   강변   на берегý   강변에
    шкаф   옷장   в шкафý   옷장에
    мост   다리   на мостý   다리에
    порт   항구   в портý   항구에
    край   변방, 가장자리   на краю   변방에

* 명사 전치격 활용의 예
    Я рабóтаю в шкóле.   나는 학교에서 일한다.
    Я сплю в кóмнате.   나는 방에서 잠을 잔다.
    Я обéдаю в ресторáне.   나는 레스토랑에서 식사한다.
    Я слýшаю лéкцию в аудитóрии.   나는 강의실에서 수업을 듣는다.
    Я был на Украúне.   나는 우크라이나에 갔었다.

Он был на семина́ре.	그는 세미나에 갔었다.
Он был на ве́чере.	그는 파티에 갔었다.

☞ 전치사 в와 на의 선택 문제

전치사 в와 на가 붙는 장소의 명칭은 일관되지 않기 때문에 암기를 하는 수
밖에 없다.

1) 전치사 в를 취하는 장소의 명칭

в институ́те	연구소에서	в стране́	나라에서
в университе́те	대학교에서	в А́фрике	아프리카에서
в шко́ле	학교에서	в Аме́рике	미국에서
в кла́ссе	학급에서	в Австра́лии	호주에서
в гру́ппе	그룹에서	в Коре́е	한국에서
в магази́не	상점에서	в Япо́нии	일본에서
в музе́е	박물관에서	в А́нглии	영국에서
в теа́тре	극장에서	в Росси́и	러시아에서
в компа́нии	회사에서	в го́роде	도시에서

2) 전치사 на-를 취하는 장소의 명칭

на ку́рсе	강좌에서	на факульте́те	학부에서
на уро́ке	학과에서	на заня́тии	수업에서
на семина́ре	세미나에서	на экза́мене	시험에서
на ле́кции	강의에서	на заво́де	공장에서
на по́чте	우체국에서	на вокза́ле	역에서
на ве́чере	파티에서	на собра́нии	회의에서
на экску́рсии	소풍(견학)에서	на вы́ставке	박람회에서
на конце́рте	콘서트에서	на спекта́кле	공연에서
на у́лице	거리에서	на ро́дине	조국에서
на пло́щади	광장에서	на фи́рме	회사에서

| на ю́ге | 남쪽에서 | на се́вере | 북쪽에서 |
| на за́паде | 서쪽에서 | на восто́ке | 동쪽에서 |

☞ 전치사 на를 취하는 장소는 주로 넓은 공간이나 확 트인 장소가 많다. 또한 예술 공연이나 행사, 모임, 방향(동, 서, 남, 북)의 명칭도 전치사 на를 취한다.

☞ 일반 명사의 경우 전치사 в와 결합하면 '— 안에(in)'의 의미를 가지고, 전치사 на결합하면 '— 위에(on)'의 의미를 갖는다.

예) в столе́   책상 속에

    на столе́   책상 위에

6. 인칭대명사의 여격, 조격, 전치격

인칭대명사	여격	조격	전치격
кто	кому́	кем	(о) ком
что	чему́	чем	(о) чём

예) Кому́ помо́чь?   누구에게 도움을 주어야 합니까?

    Чему́ вы у́читесь?   무엇을 공부하십니까?

    Кем вы рабо́таете?   무슨 일을 하십니까?

    Чем вы пи́шете?   무엇으로 쓰십니까?

    О ко́м вы ду́маете?   누구에 대해 생각하고 계십니까?

    О чём вы ду́маете?   무엇에 대해 생각하고 계십니까?

    О ко́м вы пи́шете?   누구에 대해 쓰고 계십니까?

    О чём вы пи́шете?   무엇에 대해 쓰고 계십니까?

    Кому́ вы хоти́те дать э́ту кни́гу?

    이 책을 누구에게 주고 싶으세요?

연습문제(упражнения)

1) 다음 질문에 답하시오.

　가. Когда́ начина́ются ле́тние кани́кулы?

　나. Когда́ день рожде́ния ма́мы?

　다. Сего́дня среда́. А како́й день бу́дет послеза́втра?

　라. Како́й сейча́с год?

　마. Сего́дня вто́рник. А како́й день был вчера́?

　바. Когда́ конча́ются ле́тние кани́кулы?

　사. Кото́рый час?

　아. Сейча́с ию́нь. Како́й сле́дующий ме́сяц?

　자. Сейча́с ме́сяц сентя́брь. Како́й день был про́шлый ме́сяц?

　차. Ско́лько вам лет?

2) 아래 문장들을 러시아어로 옮기시오.

　가. 어제는 일요일이었다.

　나. 오늘은 토요일이다.

　다. 다음 달은 7월이다.

　라. 지금은 2014년이다.

　마. 어제는 무슨 요일이었습니까?

　바. 곧 9월이 시작된다.

　사. 겨울방학은 언제 시작되나요?

　아. 오늘은 며칠입니까?

　자. 오늘은 2013년 12월 10일입니다.

　차. 그녀는 몇 살입니까?

　카. 그는 나보다 8살 많습니다.

3) 아래에 제시된 명사들의 6격 어미를 적어보시오.

стол, кни́га, ла́мпа, окно́, письмо́, тетра́дь, па́па, май,
сентя́брь, рука́, геро́й, вре́мя, и́мя, зда́ние, каранда́ш,
учи́тель, маши́на, по́езд, жизнь, мо́ре, аудито́рия, кто,
что

4) 다음의 어휘들을 암기하세요.

позавчера́, вчера́, сего́дня, за́втра, послеза́втра,
три дня наза́д, четы́ре дня наза́д, пять дней наза́д ...
че́рез три дня, че́рез четы́ре дня, че́рез пять дней ...
 како́й день сего́дня?
про́шлый, про́шлый ме́сяц, про́шлый год
сле́дующий, сле́дующий ме́сяц, сле́дующий год
како́й год сейча́с?
како́е число́ сего́дня?

5) 수와 관련된 내용으로 상대방과 대화연습을 하시오.

제 **9** 과

건 강

제9과 건강

회화(разговор)

1) — Мне хо́лодно. Мо́жно закры́ть окно́?

— Да, пожа́луйста. Наве́рно, вы простуди́лись, господи́н Ким?

— Пожа́луй, да.

— У вас есть температу́ра?

— Да. И ка́шель.

— Вам ну́жно принима́ть лека́рство.

— Да. А где здесь апте́ка? Мне ну́жно купи́ть лека́рство.

— Лу́чше сходи́те к врачу́. Недалеко́ отсю́да нахо́дится поликли́ника.

— Как мо́жно добра́ться туда́?

— Мо́жно на такси́. Кста́ти, у меня́ есть вре́мя. Я могу́ вам помо́чь.

— Спаси́бо большо́е.

— Пожа́луйста.

— 제가 추운데 창문을 닫아도 될까요?

— 그러세요. 감기에 걸리셨나 보네요, 김선생님?

— 그런 것 같아요.

— 열이 있나요?

— 예. 기침도 하구요.

– 약을 드셔야겠네요.

– 예. 그런데 약국은 어디에 있나요? 약을 좀 사야겠는데요.

– 의사를 찾아가는게 더 좋겠어요. 멀지 않은 곳에 병원이 있거든요.

– 그곳엔 어떻게 가지요?

– 택시를 타면 되요. 마침 저한테 시간이 있으니 도와드릴 수 있겠네요.

– 정말 고맙습니다.

– 별말씀을요.

2) – Как вы себя чу́вствуете сего́дня?

– Пло́хо. Меня́ морози́т.

– Вы ходи́ли к врачу́?

– Да.

– Что он сказа́л?

– Он сказа́л, что у меня́ грипп и мне ну́жно лежа́ть в посте́ли.

– А лека́рство принима́ли?

– Да. Но всё та́ки пло́хо.

– Жа́лко. Наде́юсь, что ско́ро вам бу́дет лу́чше.

– Спаси́бо.

– 오늘 컨디션은 어떠세요?

– 나빠요. 오한이 있어요.

– 의사에게 다녀오셨나요?

– 예.

– 뭐라고 그러던가요?

– 독감에 걸렸고 침대에 누워있으라 하더군요.

– 약은 드셨나요?

– 예. 하지만 여전히 상태가 나빠요.

– 안됐군요. 빨리 나아지기를 빌께요.

– 고마워요.

새 단어(новые слова)

мо́жно	~해도 된다(술어부사)
закры́ть(1) (закро́ю, закро́ешь, закро́ет, закро́ем, закро́ете, закро́ют)	
	닫다(타)(불완, закрыва́ть)
окно́	창문(중)
простуди́ться(2) (простужу́сь, просту́дишься, просту́дится, просту́димся,	
просту́дитесь, просту́дятся)	감기에 걸리다(자)
температу́ра	열(여)
ка́шель	기침(여)
по́сле	[+ 소유격] ~ 후에(전)
обе́д	점심(남)
принима́ть(приня́ть)(1) (принима́ю, принима́ешь, принима́ет, принима́ем,	
принима́ете, принима́ют)	(약을) 복용하다, 접수하다, 받아들이다
예) принима́ть лека́рство.	약을 복용하다.
Принима́ть душ.	샤워하다.
лека́рство	약(중)
апте́ка	약국(여)
ну́жно	~해야 한다(술어부사)
купи́ть(2) (куплю́, ку́пишь, ку́пит, ку́пим, ку́пите, ку́пят)	
	~을 사다(타)(불완, покупа́ть)
лу́чше	더 좋다(хорошо́의 비교급)
сходи́ть(2) (схожу́, схо́дишь, схо́дит, схо́дим, схо́дите, схо́дят)	
	다녀오다

недалеко́	멀지 않은 곳에(부)
отсюда́	이곳으로부터
находи́ться(2) (нахожу́сь, нахо́дишься, нахо́дится, нахо́димся, нахо́дитесь, нахо́дятся)	자리하다, 위치하다(자)
поликли́ника	종합병원(여)
добра́ться(1) (доберу́сь, добере́шься, добере́тся, добере́мся, добере́тесь, доберу́тся)	~에 이르다, 다다르다(자)
туда́	그곳으로, 그리로(부)
на такси́	택시를 타고
кста́ти	마침, 적절한 시기에
помо́чь(1) (помогу́, помо́жешь, помо́жет, помо́жем, помо́жете, помо́гут)	[+수여격] 도와주다, 도움을 주다(자)
мочь(1) (могу́, мо́жешь, мо́жет, мо́жем, мо́жете, мо́гут)	~할 수 있다(조)
пожа́луйста	제발(부탁), 별말씀을(감사에 대한 화답)
сказа́ть(1) (скажу́, ска́жешь, ска́жет, ска́жем, ска́жете, ска́жут)	말하다(타)(불완, говори́ть)
грипп	유행성 감기, 독감(남)
лежа́ть(2) (лежу́, лежи́шь, лежи́т, лежи́м, лежи́те, лежа́т)	누워 있다, 놓여 있다(자)
в посте́ли	침대 위에
всё таки	여전히, 마찬가지로
жа́лко	안타깝다, 애석하다(술어부사)
наде́яться(1) (наде́юсь, наде́ешься, наде́ется, наде́емся, наде́етесь, наде́ются)	희망하다, 기대하다(자)
скоре́е	더 빨리(ско́ро의 비교급)
улу́чшиться(2) (улу́чшусь, улу́чшишься, улу́чшится, улу́чшимся, улу́чшитесь, улу́чшатся)	나아지다, 호전되다, 개선되다(자)

🌹 문법(грамматика)

---

1. 의무, 가능, 금지의 표현

1) 의무

☞ 술어 'нужно, надо + 동사 미정형'으로 나타내며 의미상의 주체가 여격으로 표현된다.

☞ 주격 형태의 주어를 수반하지 못하는 문장을 무인칭문이라고 하며, 이 경우 주체는 여격으로 나타낸다.

예) Мне ну́жно спать.   나는 잠을 자야 한다.

Вам ну́жно купи́ть кни́гу.   당신은 책을 사야 합니다.

Им ну́жно идти́ домо́й.   그들은 집으로 가야 한다.

Вам ну́жно лежа́ть на посте́ли. 당신은 침대에 누워 있어야 해요.

Тебе́ на́до зако́нчить э́ту рабо́ту. 너는 이 일을 끝마쳐야 한다.

Ей ну́жно зараба́тывать де́ньги. 그녀는 돈을 벌어야 한다.

Им ну́жно отдохну́ть.   그들은 휴식을 취해야 한다.

* '~해야 한다'라는 의미는 형용사 단어미 형태인 до́лжен(남), должна́
(여), должно́(중), должны́(복)을 사용해서 표현할 수도 있는데, 이는
인칭형으로만 사용된다.

예) Он до́лжен идти́ домо́й.   그는 집에 가야 한다.

Она́ должна́ ко́нчить э́ту рабо́ту.

그녀는 이 일을 끝마쳐야 한다.

Мы должны́ сде́лать дома́шнее зада́ние.

우리는 숙제를 다해야 한다.

За́втра ты до́лжен встать ра́но.

내일 너는 일찍 일어나야 한다.

2) 가능

☞ 'мóжно + 동사 미정형'으로 나타내며 의미상의 주어가 여격으로 표현된다.

예) Тебé мóжно идти́ домóй.	너는 집으로 가도 된다.
Вам мóжно спать.	당신은 주무셔도 됩니다.
Ей мóжно отдыха́ть.	그녀는 쉬어도 된다.
Ему́ мóжно кури́ть.	그는 담배를 피워도 된다.

3) 금지

☞ 술어 'нельзя́ + 동사 미정형'으로 나타내며 여격 주체가 수반된다.

예) Тебé нельзя́ кури́ть здесь.	너는 이곳에서 담배를 피워선 안 된다.
Нам нельзя́ грóмко говори́ть.	우리는 큰 소리로 말해서는 안 된다.
Им нельзя́ ложи́ться спать ра́но.	그들은 일찍 잠을 자선 안 된다.

2. 인칭대명사의 6격

	주격	생격	여격	대격	조격	전치격
1인칭 단수	я	меня́	мне	меня́	мной	(обо)мне
2인칭 단수	ты	тебя́	тебé	тебя́	тобóй	(о)тебé
3인칭 단수	он	егó	ему́	егó	им	(о)нём
	она́	её	ей	её	ей	(о)ней
1인칭 복수	мы	нас	нам	нас	на́ми	(о)нас
2인칭 복수	вы	вас	вам	вас	ва́ми	(о)вас
3인칭 복수	они́	их	им	их	и́ми	(о)них

3. 러시아어의 조동사(вспомога́тельные глаго́лы)

☞ 러시아어에는 хоте́ть, мочь 등과 같이 본 동사와 결합하여 희망, 가능성, 계획 등의 의미를 나타내는 조동사들이 있다.

① хоте́ть   원하다

Я хочу́	Мы хоти́м
Ты хо́чешь	Вы хоти́те
Он хо́чет	Они́ хотя́т

예) Я хочу́ спать.   나는 자고 싶다.

Что ты хо́чешь купи́ть?   너는 무엇을 사고 싶니?

Мы хоти́м познако́миться с ней.

우리는 그녀와 아는 사이가 되고 싶다.

Что вы хоти́те получи́ть от меня́?

당신은 제게서 무엇을 받고 싶은가요?

Они́ хотя́т пое́хать в Росси́ю.

그들은 러시아로 가고 싶어 한다.

* 동사 хоте́ть는 단수에서는 제 1식변화형 어미를, 복수에서는 제2식변화형 어미를 취하며, 어간의 자음 형태도 서로다르다.

② мочь   ~할 수 있다

Я могу́	Мы мо́жем
Ты мо́жешь	Вы мо́жете
Он мо́жет	Они́ мо́гут

예) Я могу́ говори́ть по-ру́сски.

나는 러시아어로 말할 수 있다.

Я могу́ идти́ домо́й, потому́ что уро́к ко́нчился.

나는 수업이 끝나서 집에 갈 수 있다.

Где я могу́ спать?

제가 어디서 자면 될까요?

Когда́ вы мо́жете прийти́ ко мне́?

당신은 언제 제게 올 수 있나요?

Могу́ я заня́ть э́тот стол?

제가 이 테이블을 사용해도 될까요?

* мочь와 유사한 의미를 나타내는 동사 уме́ть는 후천적으로 배워서
터득한 능력을 나타낼 때 쓰인다.

   예) Я уме́ю пла́вать.   나는 수영할 줄 안다.

        Он уме́ет игра́ть на гита́ре.   그는 기타를 연주할 줄 안다.

③ собира́ться + 동사 미정형 ~할 예정이다, 작정이다

Я собира́юсь	Мы собира́емся
Ты собира́ешься	Вы собира́етесь
Он собира́ется	Они́ собира́ются

예) Я собира́юсь пое́хать в Росси́ю э́тим ле́том.

나는 이번 여름에 러시아로 갈 예정이다.

Они́ собира́ются пожени́ться о́сенью.

그들은 가을에 결혼할 예정이다.

Что вы собира́етесь посмотре́ть?

당신은 무엇을 볼 작정인가요?

Я собира́юсь поступи́ть на рабо́ту по́сле институ́та.

나는 대학 졸업 후에 취업할 예정이다.

참고) плани́ровать + 동사 미정형: ~할 계획이다 (плани́рую, план
и́руешь, плани́рует, плани́руем, плани́руете, плани́руют)

наме́рен, наме́рена, наме́рено, наме́рены(형)＋ 동사 미정형:
~할 의도이다.

4. 재귀동사(-ся 동사)의 용법

☞ 러시아어에는 재귀소사 —ся를 가진 동사들이 다수 존재한다. 이러한 재귀
소사 —ся가 부착된 동사들은 그 용법에 따라 의미가 세분되지만, 가장 기본
적인 기능은 —ся가 부착됨으로써 타동사가 자동사로 전환된다는 것이다.

1) 피동적 용법

수동의 의미를 갖게 된다.

стро́ить 건설하다   — стро́иться 건설되다, 세워지다

разру́шить 파괴시키다   — разру́шиться 파괴디다, 붕괴되다

예) Архите́ктор стро́ит дом.   건축가가 집을 건설한다.

Дом стро́ится архите́ктором.   집이 건축가에 의해 건설된다.

Худо́жник рису́ет карти́ну.   화가가 그림을 그린다.

Карти́на рису́ется худо́жником.   그림이 화가에 의해 그려진다.

2) 재귀적 용법

동작이 자기 자신에게 향하는 것을 나타낸다.

брить 면도하다 — бри́ться （자기의) 수염을 깎다.

умыва́ть 씻다 — умыва́ться （자신의 얼굴을) 씻다, 세수하다

одева́ть 옷을 입히다 — одева́ться （자신이) 옷을 입다.

예) Ма́ма одева́ет ребёнка.   엄마가 아기에게 옷을 입힌다.

Ма́ма одева́ется.   엄마가 옷을 입는다.

3) 상호동작의 용법

동작이 상호 쌍방향으로 이루어지는 것을 표현해준다. 따라서 뒤따르는 보어
는 전치사 'c + 조격' 형태로 사용된다.

перепи́сываться	상호교신하다
поссо́риться	서로 다투다
встре́титься	만나다
сове́товаться	상담하다

예) Мы встре́тили его́ на вокза́ле.　　　우리는 역에서 그를 마중하였다.

　　Мы с ним встре́тились на вокза́ле.　우리는 그들과 역에서 만났다.

　　Он сове́товал мне смотре́ть этот фильм.

　　그는 내게 이 영화를 보라고 조언했다.

　　Я всегда́ сове́туюсь с дру́зьями.　　나는 항상 친구들과 상의한다.

☞ -ся 동사의 변화

　　-ся 동사의 재귀소사 -ся는 모음 뒤에서 그 형태가 -сь로 바뀐다.

예) я　учу́сь　　　　　мы　у́чимся

　　ты　у́чишься　　　вы　у́читесь

　　он　у́чится　　　　они́　у́чатся

♥ 정중한 표현 / 건강에 관련된 표현

1. 정중한 표현

☞ 정중한 표현법은 주로 пожа́луйста를 이용해서 나타낸다.

예) Да́йте мне кни́гу, пожа́луйста.　　책을 주십시오.

　　Извините, пожалуйста.　　　　　　실례하겠습니다.

　　Ешьте, пожа́луйста.　　　　　　　드십시오.

　　Пожа́луйста.　　　　　　　　　　별말씀을(감사표현의 화답)

　　Помоги́те мне, пожа́луйста.　　　저를 좀 도와주세요.

　　Разреши́те помо́чь!　　　　　　　도와드릴까요?

　　Бу́дьте добры́.　　　　　　　　　실례합니다.

2. 건강에 관련된 표현

Что с ва́ми?　　　　　　　　　　무슨 일이세요?

В чём де́ло?　　　　　　　　　　무슨 일이시죠?

Что у вас боли́т?	어디가 아프시죠?
У меня́ боли́т голова́.	머리가 아파요.
Я пло́хо себя́ чу́вствую.	컨디션이 안 좋아요.
Я просту́дился.	감기에 걸렸어요.
У меня́ боли́т се́рдце.	심장이 아파요.
У меня́ высо́кая температу́ра.	고열이 있어요.
Я бо́лен.	전 아파요.
Я заболе́л.	전 병이 났어요.
Вам ну́жно принима́ть лека́рство.	약을 드셔야 겠네요.
Вам ну́жно лечь в больни́цу.	병원에 입원하셔야 겠네요.
Я уже́ вы́здоровел.	벌써 완쾌되었어요.
Жела́ю вам здоро́вья.	건강하세요.
Вы о́чень похуде́ли.	너무 야위셨네요.
Вы о́чень попра́вились.	너무 살이 찌셨네요.
У меня́ совсе́м нет аппети́та.	식욕이 전혀 없어요.

연습문제(упражнения)

1) 무인칭 술어를 활용하여 아래 문장을 러시아어로 옮겨 보시오.

가. 이곳에서 담배를 피워도 됩니까?

나. 너는 내일 일찍 일어나야 한다.

다. 어디에서 휴식을 취할 수 있나요?

라. 그는 담배를 피워선 안 된다.

마. 책은 어디에서 살 수 있나요?

2) 조동사를 활용하여 아래 문장을 러시아어로 옮겨 보시오.

가. 이번 여름에 나는 여행을 할 계획이다.

나. 그는 수영을 할 수 있다.

다. 언제 제가 당신을 사랑할 수 있을까요?

라. 그들은 러시아에 가고 싶어 한다.

마. 나는 이것을 할 수 있다.

3) 정중한 표현법을 활용하여 아래 문장을 러시아어로 옮겨 보시오.

가. 실례합니다만 화장실은 어디에 있습니까?

나. 죄송합니다만 당신은 러시아어를 말하십니까?

다. 저를 좀 도와주시겠어요?

라. 저에게 물을 좀 주시겠습니까?

4) 본문에서 학습한 표현을 활용하여 다음을 러시아어로 옮겨 보시오.

(1) – 무슨 일이세요?

　　– 컨디션이 좋지 않아요.

　　– 혹시 어디가 아프신가요?

　　– 머리가 아파요. 열도 나고 기침도 있구요.

　　– 혹시 감기에 걸리신거 아닌가요?

　　　－ 그런것 같아요.

　　　－ 약은 드셨나요?

　　　－ 아니오. 약국이 어디에 있는지 몰라요.

　　　－ 제게 시간이 있으니 도와드릴 수 있을 것 같네요. 함께 가시죠.

　　　－ 고맙습니다.

　　　－ 별말씀을요.

(2) － 실례합니다.

　　　－ 무슨일이시죠?

　　　－ 병원이 어디에 있나요?

　　　－ 병원은 저기에 있어요. 그런데 어디가 아프신가요?

　　　－ 예. 배가 아프네요. 좀 도와 주실 수 있는지요?

　　　－ 예. 제가 도와드리지요.

　　　－ 대단히 감사합니다.

　　　－ 별말씀을요.

제 **10**과

감정표현

제10과 감정표현

💗 회화(разговор)

1) — Серге́й, у вас что́-нибудь прия́тное сего́дня?

— Да. У меня́ сего́дня встре́ча с де́вушкой.

— Ах, да.

— Мы бу́дем смотре́ть кинофи́льм.

— Зави́дую вам. Мне сего́дня о́чень гру́стно.

— Что с ва́ми?

— Я расста́лся на́всегда с подру́гой.

— Жаль.

— Но, ничего́. Ско́ро бу́дет всё в поря́дке. А пока́ тяжело́.

— Тогда́ пойдёмте вме́сте с на́ми. Там идёт о́чень хоро́ший фильм. Это вам помо́жет.

— Спаси́бо, но не хочу́. Я бу́ду отдыха́ть до́ма. Жела́ю вам хорошо́ провести́ вре́мя.

— 세르게이씨. 오늘 무슨 좋은 일이라도 있으신 모양이네요?

— 예. 오늘 아가씨와 데이트가 있어요.

— 아, 그래요.

— 함께 영화를 볼 거예요.

- 부럽군요. 저는 오늘 매우 우울한데.
- 무슨 일이시죠?
- 여자친구와 완전히 헤어졌어요.
- 안됐군요.
- 괜찮아요. 곧 괜찮아지겠지요. 단지 지금 좀 힘들뿐이죠.
- 그렇다면 함께 가시죠. 좋은 영화가 상영중인데. 도움이 될 거예요.
- 고맙지만 사양하겠어요. 집에서 좀 쉬고 싶네요. 좋은 시간 보내세요.

2) - Господи́н Ким, что с ва́ми? Вы вы́глядите о́чень гру́стным.
- Да, мне о́чень гру́стно. Потому́ что сего́дня мой друг ушёл на вое́нную слу́жбу.
- Очень жа́ль.
- Я его́ люблю́, как бра́та.
- Да. Дава́йте пойдём повесели́мся. Я угощу́ вас пи́вом.
- Спаси́бо, но не могу́. Мне ну́жно отдохну́ть : у меня́ плохо́е настрое́ние.
- Ну, что ж. Жела́ю вам здоро́вья.

- 김선생님, 무슨 일 있으세요? 무척 우울해 보이시는군요.
- 예, 무척 우울해요. 왜냐하면 오늘 내 친구가 군대를 갔거든요.
- 안됐군요.
- 친형제처럼 그를 좋아했어요.
- 그래요. 제가 위로주 한잔 살 테니 함께 즐기러 가시죠.
- 고맙지만 힘들겠어요. 컨디션이 좋지 않아 좀 쉬어야겠어요.
- 그러세요. 그럼 건강 유의하시길 빕니다.

🌸 새 단어(новые слова)

что́-нибудь	무엇이든지(부정대명사)
прия́тное	좋은 일(중)
встре́ча	만남, 데이트(여)
с	~와 함께(+조)
кинофи́льм	영화(남)
зави́довать(1) (зави́дую, зави́дуешь, зави́дует, зави́дуем, зави́дуете, зави́дуют)	
	부러워하다(+여격)
гру́стно	우울하다
расста́ться(1) (расста́нусь, расста́нешься, расста́нется, расста́немся, расста́нетесь, расста́нутся)	
	헤어지다, 이별하다(с + 조)
навсегда́	영원히(부)
ничего́	아무것도 아니다
всё в поря́дке	모든게 순조롭다
пока́	현재로서, 안녕(헤어질 때 인사)
тяжело́	힘들다(부)
тогда́	그렇다면, 그 당시
пойдём вме́сте	함께 갑시다
идёт фильм	영화가 상영되다
помога́ть(1) (помога́ю, помога́ешь, момога́ет, помога́ем, помога́ете, помога́ют)	
	도와주다(여격 + в 전치격)
жела́ть(1) (жела́ю, жела́ешь, жела́ет, жела́ем, жела́ете, жела́ют)	
	~을 기원하다(여격 + 생격)
провести́ вре́мя	시간을 보내다
вы́глядеть(2) (вы́гляжу, вы́глядишь, вы́глядит, вы́глядим, вы́глядите, вы́глядят)	
	~처럼 보이다, ~로 느껴지다 (부사 / 형용사 조격)

пойти́(1) (пойду́, пойдёшь, пойдёт, пойдём, пойдёте, пойду́т)

가다, 출발하다

вое́нная слу́жба   군복무

дава́йте   ~합시다

повесели́ться(2) (повеселю́сь, повесели́шься, повесели́тся, повесели́мся,

повесели́тесь, повеселя́тся)   즐기다, 즐거운 시간을 갖다

угости́ть(2) (угощу́, угости́шь, угости́т, угости́м, угости́те, угостя́т)

접대하다, 대접하다(조격)

настрое́ние   기분, 컨디션(중)

здоро́вье   건강(중)

🎓 문법(грамматика)

1. 동사 과거시제(прошедшее время)

☞ 동사 과거시제는 동사미정형에서 미정형 어미 −ть를 제거한 후 주어의 성과 수에 맞게 과거시제 어미를 부착한다.

동사미정형 어간+ 과거시제 어미 л   (남성 단수)

                         ла   (여성 단수)

                         ло   (중성 단수)

                         ли   (복수)

예) чита́ть письмо́   편지를 읽다.

Я чита́л(а) письмо́.   나는 편지를 읽었다.

Ты чита́л(а) письмо́.   너는 편지를 읽었다.

Он чита́л письмо́.   그는 편지를 읽었다.

Она́ чита́ла письмо́.	그녀는 편지를 읽었다.
Мы чита́ли письмо́.	우리는 편지를 읽었다.
Вы чита́ли письмо́.	너희들(당신)은 편지를 읽었다.
Они́ чита́ли письмо́.	그들은 편지를 읽었다.
пить ко́фе	커피를 마시다.
Я пил(а) ко́фе.	나는 커피를 마셨다.
Ты пил(а) ко́фе.	너는 커피를 마셨다.
Он пил ко́фе.	그는 커피를 마셨다.
Она пила́ ко́фе.	그녀는 커피를마셨다.
Мы пи́ли ко́фе.	우리는 커피를 마셨다.
Вы пи́ли ко́фе.	당신은 커피를 마셨다.
Они́ пи́ли ко́фе.	그들은 커피를 마셨다.

говори́ть	говори́л, говори́ла, говори́ло, говори́ли
чита́ть	чита́л, чита́ла, чита́ло, чита́ли
писа́ть	писа́л, писа́ла, писа́ло, писа́ли
спать	спал, спа́ла, спало́, спа́ли
учи́ться	учи́лся, учи́лась, учи́лось, учи́лись
петь	пел, пе́ла, пе́ло, пе́ли
ви́деть	ви́дел, ви́дела, ви́дело, ви́дели
хоте́ть	хоте́л, хоте́ла, хоте́ло, хоте́ли

* идти(가다)의 과거형은 шёл, шла, шло, шли이다.

* мочь(~할 수 있다)의 과거형은 мог, могла́, могло́, могли́이다.

* 과거형 남성 단수형에 −л이 생략되는 동사들도 있다.

　예) лечь(눕다) > лёг, легла́, легло́, легли́

　　　расти́(자라다) > рос, росла́, росло́, росли́

* есть 동사의 과거 시제 형태는 그 의미에 따라 두 가지로 나뉜다.

1) '이다, 있다'의 경우: был, была́, бы́ло, бы́ли

2) '먹다'의 경우: ел, е́ла, е́ло, е́ли

2. 미래시제(будущее время)

☞ 동사 미래시제는 조동사 быть를 활용해 나타낸다.

Я бу́ду Ты бу́дешь Он(a) бу́дет Мы бу́дем Вы бу́дете Они бу́дут	+ 동사 미정형(불완료상)

예) Я бу́ду чита́ть кни́гу.   나는 책을 읽을 것이다.

Ты бу́дешь чита́ть кни́гу.   너는 책을 읽을 것이다.

Он бу́дет чита́ть кни́гу.   그는 책을 읽을 것이다.

Она́ бу́дет чита́ть кни́гу.   그녀는 책을 읽을 것이다.

Мы бу́дем чита́ть кни́гу.   우리는 책을 읽을 것이다

Вы бу́дете чита́ть кни́гу.   당신은 책을 읽을 것이다.

Они будут читать кни́гу.   그들은 책을 읽을 것이다.

3. 전치사와 격

☞ 러시아어 전치사는 자신과 결합하는 명사구에 대하여 특정한 격을 요구한다.

☞ 전치사와 결합하여 실현되는 명사의 격은 문법적인 격으로서, 독자적인 격 의미를 상실하고 결합하는 전치사의 의미를 따라간다.

1) 생격 지배전치사

у	~옆에, ~의 소유로
по́сле	~이후에
о́коло	~근처에
для	~을 위하여, ~용도의
до	~까지
от	~로부터
из	~에서부터, ~로 만든(재료)
из—зá	~때문에
про́тив	~반대편에
среди́	~가운데
ми́мо	~곁에, ~을 지나서
кро́ме	~을 제외하고
без	~없이

예) У меня́ есть кни́га.　　　　　　나한테 책이 있다.

Пóсле урóка я идý домóй.　　　수업 후 나는 집으로 간다.

Óколо шкóлы нахóдится большóй магазúн.

학교 근처에 큰 상점이 있다.

Я могý сдéлать эту рабóту для тебя́.

나는 너를 위해 이 일을 해낼 수 있다.

От Сеýла до гóрода Гёнджу далекó.

서울에서 경주까지는 멀다.

Онá вы́шла úз дóма.　　　　　그녀는 집에서 나갔다.

Это кольцó из зóлота.　　　　이것은 금으로 만든 반지이다.

Напрóтив нас стоúт друг.　　　우리 맞은편에 친구가 서있다.

Кто сáмый хорóший студéнт среди́ вас?

당신들 중 누가 제일 좋은 학생인가요?

Я пью кóфе без сáхара.　　　나는 설탕을 넣지 않은 커피를 마신다.

2) 여격 지배전치사

по	~에 준하여, ~에 따라
благодаря́	~덕분에
к	~에게로(접근)
вопреки́	~에 반하여
согла́сно	~에 일치하여

예) Мы гуля́ли по тропи́нке.　　　　우리는 오솔길을 따라 산책했다.

По про́сьбе бра́та он купи́л брю́ки.　형의 부탁에 따라 그는 바지를 구입했다.

Благодаря́ вам я ко́нчил э́ту рабо́ту.

당신 덕분에 제가 이 일을 마칠 수가 있었어요.

Она́ идёт к вра́чу.　　　　　　그들은 의사에게로 간다.

Вопреки́ его́ предупрежде́нию ничего́ серьёзного не случи́лось.

그의 경고와는 달리 어떤 심각한 일도 일어나지 않았다.

Это ну́жно де́лать согла́сно зако́ну. 법에 따라 이것을 해야 한다.

3) 대격 지배전치사

в	~로(구체적인 장소)
на	~로(추상적, 넓은 장소)
про	~에 대하여
че́рез	~을 지나서, ~를 통하여
спустя́	~을 경과하여
за	~을 위해, ~뒤로
под	~아래로
сквозь	~을 관통하여

예) Он идёт в шко́лу.　　　　　　그는 학교로 간다.

Он е́дет на семина́р.　　　　　그는 세미나에 간다.

Сего́дня мы идём на ве́чер.　　　오늘 우리는 파티에 간다.

Он придёт че́рез два́дцать мину́т. 그는 20분 후에 올 것이다.

Мы бесе́довали че́рез перево́дчика.   우리는 통역을 통해 얘기를 나누었다.

Мы ничего́ не зна́ем про него́.   우리는 그에 대해 아무것도 모른다.

Спаси́бо за пода́рок.   선물해주셔서 감사합니다.

Он положи́л очки́ под газе́ту.   그는 안경을 신문 아래에 놓았다.

4) 조격 지배전치사

с	~와 함께,
за	~뒤에, ~을 가지러
пе́ред	~앞에, ~전에
над	~위에
под	~밑에
ме́жду	~사이에

예) Вчера́ я встре́тился с мои́м дру́гом.

나는 어제 내 친구와 만났다.

За мной следи́т незнако́мый челове́к.

모르는 사람이 내 뒤를 따라오고 있다.

Он пошёл в магази́н за хле́бом.   그는 상점에 빵을 사러갔다.

Пе́ред на́ми идёт краси́вая де́вушка.

우리 앞에 아름다운 아가씨가 가고 있다.

Пе́ред обе́дом мы гуля́ли.   식사시간 전에 우리는 산책했다.

Они́ сидя́т под де́ревом.   그들은 나무 아래에 앉아 있다.

Самолёт лети́т над о́блаком.   비행기가 구름 위로 날아가고 있다.

Ме́жду ни́ми идёт перепи́ска.   그들 사이에 편지교류가 있다.

5) 전치격 지배전치사

в	~에(구체적인 장소)
на	~에(추상적, 시간적 장소)
при	~의 시대에, ~에 부속하여
о	~에 대하여

예) Они́ у́чатся в библиоте́ке.   그들은 도서관에서 공부한다.

Я хочу́ жить в Росси́и.   나는 러시아에서 살고 싶다.

Я был на уро́ке.   우리는 수업에 참여했다.

Мы бы́на Кра́сной пло́щади.   우리는 붉은 광장에 다녀왔다.

При э́том университе́те есть аспиранту́ра.

이 대학에는 대학원이 있다.

Я всегда́ ду́маю о ва́с.   나는 항상 당신에 대해 생각한다.

О чём вы говори́те?   당신은 무엇에 관해 얘기하나요?

감정표현법

☞ 형용사 단어미 형태나 술어적 부사를 사용하여 감정을 나타낸다. 술어적 부사를 사용할 경우 그 심리 상태의 주체를 여격으로 표현한다.

1) 기쁨

Я о́чень ра́д(а)   매우 기쁘다

(Мне) Очень ве́село   매우 즐겁다

(Мне) Очень прия́тно   매우 유쾌하다

Я о́чень сча́стлив(а)   매우 행복하다

2) 슬픔

(Мне) гру́стно   우울하다

я одино́к(а)   외롭다

(Мне) тяжело́   힘들다

(Мне) тру́дно   어렵다

(Мне) печа́льно   슬프다

3) 놀라움

Удиви́тельно	뜻밖이다
Испу́ганно	놀랍다
Стра́шно	두렵다
Ужа́сно	엉망이다, 끔찍하다
Замеча́тельно	멋지다
Прекра́сно	훌륭하다
Великоле́пно	최고다

4) 기타

Жа́лко	안됐다
Жаль	애석하다
Бо́же мой!	아이고 저런!

연습문제(упражнения)

1) 동사의 과거시제 형태를 이용하여 다음 문장을 러시아어로 옮기시오.

가. 나는 어제 하루 종일(це́лый день) 책을 읽었다.

나. 우리는 그저께(позавчера́) 영화관에서 재미있는 영화를 보았다.

다. 안나야, 벌써 저녁을 먹었어?

라. 그는 며칠 전에(не́сколько дней наза́д) 러시아에서 돌아왔다.

마. 나는 친구랑 집에서 TV를 시청하고 수다를 떨었다.

2) 동사의 미래시제 형태를 이용하여 다음 문장을 러시아어로 옮기시오.

가. 내일 우리는 새 영화를 볼 것이다.

나. 여름방학 동안 나는 바다에서 휴식을 취할 것이다.

다. 내일 나는 친구와 도서관에서 공부할 것이다.

라. 겨울방학 동안 그녀는 까페에서 일할 것이다.

바. 그는 다음 주에 국내를 여행할 것이다.

3) 생격 지배전치사를 활용하여 아래의 문장을 러시아어로 옮기시오.

가. 나에게는 좋은 친구가 있다.

나. 당신은 나를 위해 무엇을 해줄 수 있습니까?

다. 서울에서 인천까지는 멀지 않다.

라. 저는 한국에서 왔어요.

마. 우리집 맞은편에 큰 약국이 있다.

바. 수업 후에 우리는 축구를 했다.

4) 여격 지배전치사를 활용하여 아래 문장을 러시아어로 옮기시오.

가. 나는 이 길을 따라 산책한다.

나. 나는 지금 선생님에게 가고 있다.

다. 친구 덕분에 나는 이 일을 마칠 수 있었다.

라. 형의 부탁에 따라 나는 케익을 샀다.

5) 대격 지배전치사를 활용하여 아래 문장을 러시아어로 옮기시오.

　가. 우리는 지금 학교로 가고 있다.

　나. 나는 내일 소풍(экску́рсия)을 간다.

　다. 그는 오랫동안 마음속으로(про себя́) 생각했다.

　라. 충고해주셔서 감사합니다.

6) 조격 지배전치사를 활용하여 아래 문장을 러시아어로 옮기시오.

　가. 나는 그와 아는 사이가 되고 싶다.

　나. 내 뒤에 모르는 사람이 따라오고 있다.

　다. 우리 앞에 커다란 개가 서 있다.

　라. 우리들 사이에는 아무런 문제가 없다.

　마. 비행기는 구름 위를 날고 있다.

　바. 내 친구는 나무 밑에 앉아 있다.

7) 전치격 지배전치사를 활용하여 아래 문장을 러시아어로 옮기시오.

　가. 당신은 무슨 생각을 하고 계십니까?

　나. 나는 언제나 당신을 생각합니다.

　다. 나는 크고 쾌적한 집에서 살고 있다.

　라. 대학교에는 학생식당이 있다.

　마. 어제 우리는 파티에 갔었다.

8) 아래의 회화내용을 러시아어로 옮기시오.

　(1) － 세르게이 씨! 오늘 무슨 좋은 일이 있으신 모양이네요?

　　　－ 예. 오늘 저녁에 여자친구를 만나기로 했어요.

　　　－ 아 그러시군요. 그런데 무엇을 하실 겁니까?

　　　－ 공연을 볼 겁니다. (спекта́кль)

　　　－ 정말 부럽군요.

(2) – 민수 씨! 무슨 일 있으세요?

　　– 예. 오늘 여자친구와 헤어졌어요.

　　– 아이고 저런, 안됐군요.

　　– 매우 우울합니다.

　　– 저와 함께 가시죠. 제가 위로주 한잔 살 테니.

　　– 고맙지만 집에서 쉬고 싶네요.

9) 아래의 감정관련 표현을 러시아어로 옮기시오.

　가. 오늘 나는 매우 슬프다.

　나. 무슨일이세요? 매우 아파 보이네요.

　다. 내 친구는 행복해 보인다.

　라. 그냥 끔찍하다!

　마. 전혀 뜻밖이다!

제 **11** 과

질문과 대답 (1)

제11과 질문과 대답 (1)

🍀 회화(разговор)

1) − Анна, куда́ ты сейча́с идёшь?

  − Я иду́ в кинотеа́тр «Синема».

  − Ка́жется, кинотеа́тр «Синема» нахо́дится далеко́ отсю́да.

    Тебе́ лу́чше е́хать на авто́бусе и́ли на метро́.

  − Спаси́бо за сове́т. Я э́то зна́ю. Но мне ну́жно зайти́ в кни́жный магази́н

    по доро́ге. Я обеща́ла с друзья́ми встре́титься там.

  − Поня́тно. Како́й кинофи́льм ты бу́дешь смотре́ть?

  − Я бу́ду смотре́ть «Оди́н до́ма». Это америка́нский комеди́йный кинофи́льм.

  − Хоро́ший вы́бор. Я уже́ смотре́л э́тот фильм. Он был о́чень интере́сный

− 안나야, 너 지금 어디가니?

− 나 지금 『시네마』 극장에 가.

−『시네마』 극장은 여기에서 꽤 먼 것 같은데… 버스나 지하철을 타고 가
  는게 나을거야.

− 충고 고마워. 그치만 가는 도중에 서점에 들려야 해.
  거기서 친구들과 만나기로 약속했거든.

− 그렇구나. 무슨 영화를 볼 거야?

─ 『나홀로 집에』란 영화를 볼거야. 미국 코메디 영화야.

─ 선택 잘 했네. 난 벌써 그 영화를 보았어. 아주 재미있는 영화였어.

2) ─ Ли́за, на ле́тних кани́кулах куда́ ты е́здила?

  ─ Я е́здила на Байка́л.

  ─ Пра́вда? Как там бы́ло?

  ─ Бы́ло о́чень хорошо́.

    Мы с друзья́ми до́лго там отдыха́ли.

  ─ Ты пе́рвый раз была́ там?

  ─ Ну, что ты! Я ча́сто быва́ю там. Потому́ что там живёт моя́ ба́бушка.

    А ты куда́-нибудь ходи́л на кани́кулах?

  ─ Коне́чно. Я отдыха́л на да́че. Там мно́го ходи́л по ле́су и собра́л я́годов.

─ 리자야, 여름방학 동안 어딜 다녀왔니?

─ 바이칼 호수에 다녀왔어.

─ 정말? 거긴 어땠어?

─ 매우 좋았지. 친구들과 오랫동안 휴식을 취했어.

─ 거긴 처음 가본거니?

─ 아니, 무슨 소리야! 난 자주 거기에 가. 왜냐하면 할머니가 그 곳에 사시거든.

  넌 방학때 어디에 갔다 왔니?

─ 물론이지. 나는 별장에서 쉬었어. 거기에서 숲 속을 많이 돌아다니고 열매들을 모았지.

куда́	어디로(의문부사)
идти́(1) (иду́, идёшь, идёт, идём, идёте, иду́т)	
	(걸어서) 가다, 오다
кинотеа́тр	영화관(남)
ка́жется	아마 ~인 듯하다
находи́ться(2) (нахожу́сь, нахо́дишься, нахо́дится, нахо́димся, нахо́дитесь, нахо́дятся)	자리하다, 위치해 있다
далеко́	멀다(부)
отсю́да	여기에서부터
лу́чше	더 좋다(хоро́ший의 비교급)
е́хать(1) (е́ду, е́дешь, е́дет, е́дем, е́дете, е́дут)	
	(타고)가다, 오다
метро́	지하철(중)
сове́т	충고, 조언(남)
зайти́(1) (зайду́, зайдёшь, зайдёт, зайдём, зайдёте, зайду́т)	
	들르다.
зайти́ в + 대격	~장소에 들르다
зайти́ к + 여격	~에게 들르다
кни́жный магази́н	서점
по доро́ге	가는 길에, 도중에, 지나는 길에
друзья́ми	друг(친구)의 복수 조격
встре́титься(2) (встре́чусь, встре́тишься, встре́тится, встре́тимся, встре́титесь, встре́чатся)	만나다
поня́тно	이해되다. 알겠다
кинофи́льм	영화(남)
до́ма	집에(부)
интере́сный	재미있는(형)
америка́нский	미국의, 미국인의(형)

комеди́йный	코미디의(형)
вы́бор	선택(남)
ле́тние кани́кулы	여름방학
е́здить(2) (е́зжу, е́здишь, е́здит, е́здим, е́здите, е́здят)	
	(타고) 다니다.
Байка́л	바이칼 호수
до́лго	오랫동안(부)
раз	번, 횟수(남)
пе́рвый раз	처음
что ты!	너 무슨 말하는 거니?
ча́сто	자주(부)
куда́-нибудь	어디든지, 어딘가
ходи́ть(2) (хожу́, хо́дишь, хо́дит, хо́дим, хо́дите, хо́дят)	
	(걸어) 다니다, 왔다갔다하다
коне́чно	물론(부사)
да́ча	별장(여)
собра́ть(1) (соберу́, соберёшь, соберёт, соберём, соберёте, соберу́т)	
	모으다, 수집하다(완)
я́годы	베리류(여, я́года의 복수형)

🌸 문법(грамматика)

1. 동작 동사

1) 정태 동사와 부정태 동사

(1) 정태동사

идти́ '(걸어서) 가다, 오다'와 éхать '(타고) 가다, 오다'와 같이 일정한 방향을

향해 진행중인 동작을 표현하는 동사를 가리킨다. 즉, 특정 시간에 정해진 방향이나 목적지로의 이동을 나타낸다.

예) – Сейча́с куда́ вы идёте?　　당신은 어디로 가십니까?

　　– Я иду́ в шко́лу.　　나는 학교로 갑니다.

　　– Куда́ ты е́дешь?　　넌 어디로 (타고) 가니?

　　– Я е́ду на заво́д.　　공장으로 가.

(2) 부정태동사

일정한 방향으로의 이동을 표현하는 정태동사와는 달리 부정태동사는 ходи́ть '(걸어)다니다', е́здить '(타고) 다니다'와 같이 이동 방향을 규정할 수 없거나 방향에 대한 제한이 없을 경우에 사용된다. 즉, 일정한 방향이나 목적지가 정해지 있지 않은 움직임이나, 시간적으로 한정되어 있지 않은 습관적인 반복이나 왕복의 행위, 또는 행위 능력 자체를 나타낼 때에 사용된다.

예) 가. 시간적 제한 없이 되풀이 되는 동작 : '다니다'의 의미

　　Ми́ша хо́дит в шко́лу.　　미샤는 (걸어서) 학교에 다닌다.

나. '왕복하다, 왔다갔다'의 의미

　　Алёша ходи́л в магази́н.　　알료샤는 가게에 왔다갔다.

다. 방향성 상실 : '돌아다니다'의 의미

　　Мы мно́го ходи́ли по па́рку.　　우리는 공원을 많이 돌아다녔다.

마. 습관적이거나 반복적인 행위

　　Каждую неде́лю он е́здит к роди́телям.

　　매주 그는 부모님께 다녀온다.

바. 행위 능력 자체

　　Ребёнок уже хо́дит.　　아기가 이미 걸어다닌다.

　　Самолёт лета́ет быстро.　　비행기는 빨리 난다.

☞ 러시아어에서 이러한 동사는 모두 14개가 존재한다.

정태동사	부정태 동사	의 미
идти́	ходи́ть	걸어가다, 오다 / 걸어다니다
е́хать	е́здить	타고가다, 오다 / 타고다니다
лете́ть	лета́ть	날아가다, 오다 / 날아다니다
бежа́ть	бе́гать	뛰어가다, 오다 / 뛰어다니다
вести́	води́ть	데리고 가다
везти́	вози́ть	나르다(운송수단을 써서)
нести́	носи́ть	나르다(손으로)
плыть	пла́вать	수영하다
брести́	броди́ть	어슬렁거리며 걷다
гнать	гоня́ть	쫓다, 몰다
кати́ть	ката́ть	(스키, 그네 등을) 타다
лезть	ла́зить	기어오르다
ползти́	по́лзать	기다
тащи́ть	таска́ть	질질끌다

2) 동작동사와 대격 구문

'−에 있다'라는 소재의 표현이 전치사 в, на + 전치격 형태를 취하는 것과는 달리, '−로 간다'와 같이 동작동사와 장소가 결합하여 특정 방향으로의 움직임을 나타낼 때에는 в, на + 대격 형태를 사용한다.

비교 1) − Где вы живёте?　　　　　− 당신은 어디에서 삽니까?

　　　　 − Я живу́ в Москве́.　　　　− 나는 모스크바에 삽니다.

　　　　 − Куда́ вы е́дете?　　　　　− 당신은 어디로 가십니까?

　　　　 − Я е́ду в Москву́.　　　　 − 나는 모스크바로 갑니다.

비교 2) − Где ты был?　　　　　　 − 어디에 있었니?

　　　　 − Я был на вы́ставке.　　　 − 박람회장에 있었어.

　　　　 − Куда́ ты ходи́л?　　　　　− 어디에 갔다왔니?

　　　　 − Я ходи́л на вы́ставку.　　 − 박람회장에 다녀왔어.

3) 운송수단의 표현

'버스를 타고', '전철을 타고'와 같이 이동수단으로서 교통수단을 표현할 때에는 전치사 'на + 전치격' 또는 '조격' 형태를 이용한다.

예) Я е́ду в шко́лу на авто́бусе.   나는 버스를 타고 학교에 간다.

= Я е́ду в шко́лу авто́бусом.

Мы е́дем в Москву́ на по́езде.   우리는 기차를 타고 모스크바로 간다.

= Мы е́дем в Москву́ по́ездом.

전차를 타고	на трамва́е	трамва́ем
자전거를 타고	на велосипе́де	велосипе́дом
보트를 타고	на ло́дке	ло́дкой
자동차를 타고	на маши́не	маши́ной
비행기를 타고	на самолёте	самолётом
기선을 타고	на параходе	параходом

4) 미정형과 함께 목적을 나타내는 용법

동작동사 뒤에 다른 동사의 미정형을 붙여서 쓸 경우에는, 그 동작의 목적, 즉 '무엇을 하기 위해 / −하러 가다'의 의미가 구현된다.

예) Ни́на идёт гуля́ть в парк.   니나는 공원에 산책하러 간다.

Инжене́р е́дет рабо́тать на заво́д.   엔지니어가 공장에 일하러 간다.

5) 불규칙한 과거시제 형태를 갖는 몇몇 동작동사들

동작동사 중에서 идти́, вести́, везти́, нести́, лезть, ползть는 다른 동사들과는 달리 불규칙적인 과거시제 형태를 가진다.

남성	여성	중성	복수	
идти́	шёл	шла	шло	шли
вести́	вёл	вела́	вело́	вели́
везти́	вёз	везла́	везло́	везли́
нести́	нёс	несла́	несло́	несли́
лезть	лез	лезла́	лезло́	лезли́
ползть	полз	ползла́	ползло́	ползли́

연습문제(упражнения)

1) 다음 질문에 대해 적당한 전치사와 명사 격(대격, 전치격)을 활용하여 답하시오.

가. ‒ Куда́ ты идёшь? (библиоте́ка)

→ _____

나. ‒ Вчера́ куда́ вы е́здили? (конце́рт)

→ _____

다. ‒ Где он рабо́тает? (заво́д)

→ _____

라. ‒ Куда́ вы хоти́те пое́хать на ле́тних кани́кулах? (Росси́я)

→ _____

마. ‒ Где вы отдыха́ли на о́тпуске? (да́ча)

→ _____

바. ‒ Куда́ ты е́здила вчера́ ве́чером? (музе́й)

→ _____

2) 각 동사의 차이에 주의해서 우리말로 옮기시오.

가. ‒ Я иду́ в шко́лу.

‒ Я хожу́ в шко́лу.

나. ‒ Мой па́па е́дет на рабо́ту на авто́бусе.

‒ Мой па́па е́здит на рабо́ту на маши́не.

다. ‒ Где вы бы́ли сего́дня у́тром?

‒ Куда́ вы ходи́ли сего́дня у́тром?

라. ‒ Мы е́хали на Чёрное Мо́ре.

‒ Мы е́здили на Чёрное Мо́ре.

마. ‒ Они́ иду́т гуля́ть в лес.

‒ Мы хо́дим гуля́ть в лес ка́ждое воскресе́нье.

3) 아래 괄호 속에 ходи́ть동사의 알맞은 형태를 넣고 우리말로 옮기시오.

가. Куда́ ты (   ) ка́ждый день?

나. Он (   ) на ле́кцию о́чень ре́дко.

다. Твой брат уже́ (   ) в шко́лу?

라. Ка́ждый день я (   ) в институ́т пешко́м.

마. Они́ ча́сто (   ) в парк.

4) 아래의 문장들을 러시아어로 옮기시오.

가. 인수는 버스로 학교에 다닌다.

나. 우리는 오랫동안 숲을 돌아다녔다.

다. 여름방학 동안 우리는 흑해에 다녀왔다.

라. 아버지는 지하철을 타고 회사에 다닌다.

마. 나는 지금 도서관으로 간다.

바. 그들은 버스로 시내를 돌아다녔다.

사. 내 동생은 상점에 빵을 사러 간다.

아. 그들은 지금 산책하러 공원에 간다.

자. 우리는 내일 친구와 극장에 갈 것이다.

제 **12** 과
질문과 대답 (2)

제12과 질문과 대답 (2)

🔖 회화(разговор)

1) — Извини́те, пожа́луйста. Где нахо́дится авто́бусная остано́вка?

— Иди́те пря́мо. Он нахо́дится там, за пе́рвым угло́м.

— Здесь есть рестора́ны?

— Да, ме́жду вокза́лом и кафе́.

— Спаси́бо, большо́е.

— Не́ за что.

— И ещё. Я хочу́ попро́бовать коре́йскую еду́. Что вы рекоменду́ете?

— Я рекоменду́ю вам Пу́льгоги. Очень вку́сно.

— А что это?

— Говя́дина.

— Хорошо́. Я попро́бую.

— 실례합니다만 버스정류장이 어디에 있지요?

— 똑바로 가세요. 정류장은 저기 첫번째 모퉁이를 돌면 있어요.

— 근처에 레스토랑도 있나요?

— 예. 정거장과 까페 사이에 있어요.

— 고맙습니다.

– 별말씀을요.

– 한 가지 더 묻고 싶은데요. 한국음식을 먹어보고 싶은데 어떤 음식을
추천해 주시겠습니까?

– 불고기를 추천합니다. 매우 맛있어요.

– 그게 뭔데요?

– 소고기입니다.

– 좋아요. 맛을 봐야 겠군요.

2) – Извини́те, пожа́луйста. Вы не ска́жете, где нахо́дится гости́ница Хёндэ?

– Гости́ница Хёндэ? Она́ нахо́дится далекова́то отсюда́. На́до е́хать.

– Ско́лько мину́т?

– Мину́т два́дцать. Вы мо́жете е́хать на такси́. Стоя́нка такси́ вон там,
спра́ва, ви́дите?

– Да, ви́жу. Спаси́бо.

– Пожа́луйста.

– У меня́ ещё оди́н вопро́с. Вы не зна́ете но́мер телефо́на гости́ницы?
Мне ну́жно заказа́ть но́мер.

– Вы мо́жете узна́ть его́ по 114(оди́н оди́н четы́ре).

– Благодарю́ вас.

– Не сто́ит.

– 실례합니다만 현대호텔이 어디에 있는지 말씀해 주시겠어요?

– 현대호텔요? 이곳에서 좀 먼데요. 차를 타고 가셔야 해요.

– 몇분이나 걸리나요?

– 한 20분쯤 걸려요. 택시를 타고 가시죠. 택시정류장은 저기 오른쪽에
있어요. 보이시죠?

– 예, 보여요. 고맙습니다.

– 별말씀을요.

– 질문이 하나 더 있는데요. 혹시 호텔전화번호 모르시나요?

   전화로 객실 예약을 해야 하거든요.

– 114로 전화해서 알아보시면 되요.

– 고맙습니다.

– 별말씀을요.

새 단어 (новые слова)

автобусный, ая, ое, ые	버스의(형)
остановка	정거장(여)
прямо	곧바로, 똑바로(부)
за первым углом	첫 번째 모퉁이를 지나서
кругом	주위에, 근처에(부)
ресторан	식당, 레스토랑(남)
кафе	까페(중)
не за что	그럴 것 없다(감사에 대한 화답)
ещё	또한(긍정), 아직(부정)

попробовать(1) (попробую, попробуешь, попробует, попробуем, попробуете,
попробуют)   시도하다, 맛보다(완)

еда   음식, 식사(여)

рекомендовать(1) (рекомендую, рекомендуешь, рекомендует, рекомендуем,
рекомендуете, рекомендуют) 권하다, 추천하다(완 / 불완)

* −овать, −евать 형태를 가진 동사들은 현재 시제 활용 시에 접미사 −ова−,
−ева−가 −у−로 전환되고, 제1식 어미가 부착된다.

вку́сно   맛있다(부)

говя́дина   소고기(여)

гости́ница   호텔(여)

немно́го   조금, 약간(부)

далеко́вато   꽤 멀다(부)

мину́та   분(여)

на такси́   택시를 타고

стоя́нка   정류장(여)

спра́ва   오른쪽에(부)(왼쪽에 сле́ва)

ви́деть(2)(ви́жу, ви́дишь, ви́дит, ви́дим, ви́дите, ви́дят)

       보다(비의식적으로)

вопро́с   질문, 문제(남)

но́мер телефо́на   전화번호

заказа́ть(1)(закажу́, зака́жешь, зака́жет, зака́жем, зака́жете, зака́жут)

       주문하다, 예약하다

по телефо́ну   전화로, 전화를 통해

узна́ть(1)(узна́ю, узна́ешь, узна́ет, узна́ем, узна́ете, узна́ют)

       알아보다(완, узнавать)

благодари́ть(2)(благодарю́, благодари́шь, благодари́т, благодари́м,

благодари́те, благодаря́т)   감사해하다, 감사를 표하다

не сто́ит   그럴 필요없다(감사의 화답)

💠 문법(грамматика)

1. 명령형

☞ 동사명령형은 1인칭 명령형, 2인칭 명령형, 3인칭 명령형이 있다.

1) 2인칭 명령형

☞ 2인칭 명령형은 현재시제 어간(＝현재시제 복수형 3인칭 어간)에서 만든다.

현재시제 어간 + й(те 존칭, 복수) (어간이 모음으로 끝날 때)

　　　　　　　+ и(те 존칭, 복수) (어간이 자음으로 끝날 때)

예) Они́ чита́(현재복수 3인칭 어간) + ют(3인칭 복수 어미)

　　→ чита́й+(те)　　　읽어라!(시오)

　　Они́ пи́ш(현재복수 3인칭 어간) + ут(3인칭 복수 어미)

　　→ пиши́(те)　　　써라!(쓰시오)

　　Они́ говор(현재복수 3인칭 어간) + я́т

　　→ говори́(те)　　　말해라!(말하시오)

　　Они́ отдыха́(현재복수 3인칭 어간) + ют

　　→ отдыха́й(те)　　　쉬어라!(쉬세요)

　　Они́ ид(현재복수 3인칭 어간) + у́т(3인칭 복수 어미)

　　→ иди́(те)　　　가라!(가세요)

* 자음어간으로 끝나는 동사들 중에서 1인칭 단수 현재형의 강세가 어간에 있을 때는 명령형 어미가 ь로 바뀐다.

　예) встать　　　1인칭 단수형　　встáну　　　명령형 встáнь(те)

　　ста́вить　　　1인칭 단수형　　ста́влю　　　명령형 ста́вь(те)

　　гото́вить　　　1인칭 단수형　　гото́влю　　　명령형 гото́вь(те)

* 실제 대화에서 2인칭 명령형을 사용할 경우, пожа́луйста '제발, 좀'을 첨언해야 공손한 표현이 된다.

　예) Скажи́те, пожа́луйста!　　말씀 좀 해주세요.

2) 3인칭 명령형

☞ 3인칭 명령형은 пусть를 활용하여 만들어 준다.

> Пусть + 주어 + 동사 인칭형

예) Он чита́ет кни́гу.　　　그는 책을 읽고 있다.

Пусть он чита́ет кни́гу!　　그가 책을 읽도록 하시오!

Пусть он спит сейча́с же!　지금 즉시 잠자라고 하시오!

Пусть он пое́дет в Росси́ю. 그로 하여금 러시아에 가게 하시오.

Пусть он помо́жет вам.　　그로 하여금 당신을 돕도록 하시오.

3) 1인칭 명령형

☞ 1인칭 명령형은 Дава́й(те)를 활용하여 만들어준다.

> Дава́й(те) + 불완료상 동사 미정형
>
> Дава́й(те) + 완료상 동사 복수 1인칭형

예) Дава́йте идти́!

Дава́й(те) пойдём!

Дава́й(те) посмо́трим кинофи́льм.

Дава́й(те) отдыха́ть!

Дава́й(те) отдохнём!

* 1인칭 명령형(=청유형)은 Дава́й(те)를 생략하고 동사의 현재복수 1인칭형 을 그대로 사용하여 만들어 주기도 한다.

예) Пойдём!　　　　갑시다!

Игра́ем вме́сте!　함께 놉시다!

Обе́даем вме́сте!　함께 식사합시다!

2. 동사의 상(вид)

☞ 동사의 상은 완료상과 불완료상이 있으며 그 형태와 용법에 차이가 있다. 시제의 경우 완료상은 과거와 미래시제만을 지니며, 불완료상은 과거, 현재, 미래시제를 모두 갖는다. 완료상은 행위나 동작의 완료, 종결, 결과 도달, 순간적 이동 등의 의미를 나타낼 때 사용되며, 불완료상은 지속적, 반복적인 행위, 일반적인 행위 등을 나타낼 때 사용된다. 완료상은 현재시제가 존재하지 않기 때문에 현재 이루어지는 모든 행위는 불완료상으로 나타낸다.

1) 용법(의미)의 차이

불완료상	완료상
진행중인 동작	동작의 완료
결과 달성여부 미지수	결과의 달성
습관적 행위	1번의 행위
반복되는 동작	
행위 사실 자체	

2) 형태에 따른 동사의 상 구분

(1) 접두사에 의한 구분

불완료상	완료상
писа́ть	написа́ть
чита́ть	прочита́ть
де́лать	сде́лать
стро́ить	постро́ить
гото́вить	пригото́вить
рисова́ть	нарисова́ть
ста́вить	поста́вить
ви́деть	уви́деть
слы́шать	услы́шать
рабо́тать	прорабо́тать

(2) 어간에 의한 구분

불완료상	완료상
встава́ть	встать
дава́ть	дать
спра́шивать	спроси́ть
развива́ть	разви́ть
продава́ть	прода́ть
надева́ть	наде́ть
открыва́ть	откры́ть
пока́зывать	показа́ть
ука́зывать	указа́ть
расска́зывать	рассказа́ть

(3) 접미사에 의한 구분

불완료상	완료상
конча́ть	ко́нчить
реша́ть	реши́ть
включа́ть	включи́ть
броса́ть	броси́ть
веша́ть	пове́сить
отдыха́ть	отдохну́ть
достига́ть	дости́гнуть

(4) 완료상/불완료상의 형태가 전혀 다른 경우

불완료상	완료상
говори́ть	сказа́ть
брать	взять
лови́ть	пойма́ть
класть	положи́ть
сади́ться	сесть
ложи́ться	лечь

3) 상과 시제

시제	과거	현재	미래
불완료상	O	O	O (합성미래)
완료상	O	X	O (단일 미래)

☞ 완료상(прочита́ть)과 불완료상(чита́ть)의 시제

시제 상	과거	현재	미래(불완-합성, 완-단일)
불완료상 (читать)	Я чита́л(а) Ты чита́л(а) Он чита́л Она́ чита́ла Мы чита́ли Вы чита́ли Они́ чита́ли	Я чита́ю Ты чита́ешь Он чита́ет Она́ чита́ет Мы чита́ем Вы чита́ете Они́ чита́ют	Я бу́ду чита́ть Ты бу́дешь чита́ть Он бу́дет чита́ть Она́ бу́дет чита́ть Мы бу́дем чита́ть Вы бу́дете чита́ть Они́ бу́дут чита́ть
완료상 (прочитать)	Я прочита́л(а) Ты прочита́л(а) Он прочита́л Она́ прочита́ла Мы прочита́ли Вы прочита́ли Они́ прочита́ли		Я прочита́ю Ты прочита́ешь Он прочита́ет Она́ прочита́ет Мы прочита́ем Вы прочита́ете Они́ прочита́ют

(1) 각 시제 형태에서의 상의 의미

☞ 불완료상은 행위의 완료 여부와 결과와는 상관없이 행위 사실 자체가 중요
하며, 완료상은 행위의 완료 여부, 결과가 중요하다.

① 현재 시제

오직 불완료상으로만 사용된다.

가. 행위 진행의 의미

　Сейча́с я чита́ю газе́ту.

　나는 지금 책을 읽고 있다.

나. 습관적 행위

　По вечера́м я гуля́ю по ле́су.

　나는 저녁마다 숲을 산책한다.

다. 일반적 사실, 진리

　Земля́ возвраща́ется вокру́г Со́лнца.

　지구는 태양 주위를 돈다.

라. 행위 사실

　Я занима́юсь ру́сским языко́м.

　나는 러시아어를 공부한다.

② 과거 시제에서 완료상과 불완료상의 의미적 차이

가. 불완료상 : 지속적인 의미

　Тогда́ я смотре́л телеви́зор.

　그때에 나는 텔레비전을 보고 있었다.

　Утром я слу́шал ра́дио.

　아침에 나는 라디오를 듣고 있었다.

나. 완료상 : 행위의 성공적 완료

　Я уже́ прочита́л э́ту кни́гу.

　나는 이미 이 책을 다 읽었다.

　Он уже́ реши́л все вопро́сы.

　그는 벌써 모든 문제를 다 풀었다.

다. 불완료상 + 완료상 : 행위의 반복과 실패한 결과를 의미

　Я до́лго реша́л этот вопро́с, но не реши́л.

　나는 오랫동안 이 문제를 풀었으나, 결국 해결하지 못했다.

　Я мно́го раз убежда́л дру́га, но не убеди́л.

　나는 여러 번 친구를 설득하려 했으나, 설득하지 못했다.

③ 미래시제에서 완료상과 불완료상의 의미적 차이

　　가. 불완료상 : 합성미래

　　　　행위자체를 지시하거나 반복되는 미래의 행위를 나타낸다.

　　　　Зáвтра я бýду читáть э́тот журнáл.

　　　　나는 내일 이 잡지를 읽을 것이다.

　　　　Мы бýдем гуля́ть по э́тому ле́су.

　　나. 완료상 : 단순미래

　　　　한 번의 동작으로 끝나는 미래의 행위나 미래에 종결시키고자 하는
　　　　의지가 강한 행위를나타낸다.

　　　　Зáвтра я прочитáю э́тот журнáл.

　　　　나는 내일 이 잡지를 다 읽을 것이다.

　　　　* 완료상 동사와 어울리는 부사

　　　　　наконéц '마침내', в конце́ концóв '결국', в результáте + чего
　　　　　' ∼의 결과로', в итóге '결국'

　　　　* 불완료상 동사와 어울리는 부사

　　　　　дóлго '오랫동안', чáсто '자주', иногдá '가끔', всё вре́мя '내내',
　　　　　ре́дко '드물게', це́лый час '1시간 내내', це́лый день '하루 종일',
　　　　　кáждый день '매일', обы́чно '보통', постоя́нно '계속'

🖤 묻는 표현과 대답의 표현

– Где нахо́дится туале́т?   화장실에 어디에 있나요?

 – Он нахо́дится сле́ва.   왼쪽에 있어요.

– Ско́лько э́то сто́ит?   이것은 얼마입니까?

– Э́то сто́ит три ты́сячи вон.   이것은 3천원입니다.

– У вас есть свобо́дные номера́?   빈 객실이 있나요?

– Да, у нас есть свобо́дные номера́. 예, 빈 객실이 있어요.

– Мо́жно заня́ть э́тот стол?   이 테이블을 사용해도 될까요?

– Да, пожа́луйста.   네, 그렇게 하세요.

– Где здесь мо́жно купи́ть проду́кты?

   여기 어디에서 식료품들을 살 수가 있나요?

– Их мо́жно купи́ть на пе́рвом этаже́.   1층에서 살 수 있어요.

– Как вы хоти́те заплати́ть?   어떻게 지불하실 건가요?

– Я хочу́ заплати́ть нали́чными.   현금으로 지불하고 싶습니다.

연습문제(упражнения)

1) 아래의 대화내용을 러시아어로 옮기시오.

(1) − 실례합니다만 현대호텔이 어디 있는지 말씀해 주시겠습니까?

  − 현대호텔은 멀리에 있습니다.

  − 차를 타고 가야 하나요?

  − 예. 차를 타고 이 길을 따라 20분 정도 가야 합니다.

  − 아, 그렇군요. 고맙습니다.

  − 별말씀을요.

(2) − 실례합니다.

  − 무슨 일이십니까?

  − 혹시 러시아어를 할 줄 아십니까?

  − 예, 조금 할줄 압니다. 도와드릴까요?

  − 예, 기념품점(сувени́рный магази́н)이 어디에 있는지 아시나요?

  − 기념품 점요? 시내에 있어요. 택시를 타고 5분 정도 가면 됩니다.

  − 고맙습니다.

  − 별말씀을요.

(3) − 실례합니다.

  − 예, 무슨 일이시죠?

  − 전 역에 가야 하거든요. 어디에 위치해 있는지 아십니까?

  − 역은 여기서 멉니다. 택시를 타고 가셔야 합니다.

  − 얼마나 걸리나요?

  − 이곳에서 한 30분 정도 걸립니다.

  − 도와주셔서 고맙습니다.

  − 별말씀을요.

2) 동사의 상과 시제를 활용하여 아래의 문장들을 러시아어로 옮겨 보시오.

　가. 그는 오랫동안 텔레비전을 보았다.

　나. 그는 2시간 동안 문제를 풀었다.

　다. 우리는 1시간만에 역에 도착했다.

　라. 매표소 근처에서 우리는 약 30분간 그를 기다렸다.

　마. 마침내 그는 숙제를 다 했다.

　바. 아버지가 신문을 읽는 동안, 어머니는 식사를 준비한다.

　사. 오늘 저녁 나는 이 책을 다 읽을 것이다.

　아. 내일 나는 영화관에 갈 것이다.

　자. 그는 지금 방에서 잠자고 있다.

　차. 1년 후에 나는 러시아에 갈 계획이다.

　카. 우리가 집으로 가고 있을 때 비가 왔다.

3) 동사의 명령형을 활용하여 아래 문장을 러시아어로 옮겨 보시오.

　가. 큰 소리로 책을 읽으시오!

　나. 저리로 가!

　다. 도와 주세요!

　라. 주의해서 들으세요!

　마. 가이드에게 물어 보세요!

　바. 함께 갑시다!

　사. 오늘 저녁에 한 잔 합시다!

　아. 같이 영화봅시다!

　자. 그가 숙제를 다하도록 하시오!

　차. 그로 하여금 창문을 열라고 하시오!

　카. 그녀가 집에서 쉬도록 해주세요!

4) 제시된 단어들을 활용하여 아래 문장을 러시아어로 옮기시오.

> сувени́рный магази́н, наро́дная ку́кла, ко́локол,
> соло́менный дом, купи́ть, нра́виться, во́на, до́ллар,
> до́рого, хоте́ть, вы́брать, пойти́ в ка́ссу , заплати́ть,
> поду́мать

[예문]

어제 나는 기념품 가게에 갔었다. 나는 한국의 전통인형을 사고 싶었다. 가게에서 한 시간 동안 기념품들을 둘러 보았다. 전통인형과 종, 초가집이 마음에 들었다. 나는 이것들을 모두 사고 싶었다. 물건을 고른 후 계산대에 갔다. 물건 값은 원이나 달러로만 할 수 있었다. 나는 달러로 물건 값을 지불했다. 조금 비싸다고 생각했다.

제 **13**과

감사와 사과

제13과 감사와 사과

회화(разговор)

1) — Господи́н Ким. Вы мне о́чень помогли́. Спаси́бо за по́мощь.

— Не сто́ит благода́рности. Мне бы́ло о́чень прия́тно с ва́ми.

— Вы о́чень любе́зны. За э́ти дни вы потра́тили мно́го вре́мени из—за меня́.

— Ничего́. Наоборо́т, вы испы́тывали больши́е тру́дности из—за́ моего́ сла́бого
   зна́ния ру́сского языка́. Прошу́ извине́ния за э́то.

— Нет, что вы говори́те! Хочу́ ещё уви́деться с ва́ми в сле́дующий раз.

— И я то́же. Счастли́вого пути́!

— 김선생님. 큰 도움이 되었어요. 도와주셔서 감사합니다.

— 별말씀을. 당신과 함께 해서 즐거웠습니다.

— 정말 친절하시군요. 요 며칠동안 저 때문에 많은 시간을 쓰셨잖아요.

— 별말씀을. 그 반대죠. 저의 서툰 러시아어 실력 때문에 많이 힘이 드셨
   을 텐데요.

— 무슨 말씀이세요! 다음 번에 또 뵈었으면 좋겠네요.

— 저도 그래요. 즐거운 여행 되세요.

2) – Я наде́юсь, что мой гид помо́г вам поня́ть го́род Гёнджу, Серге́й.

– Да, о́чень. Спаси́бо большо́е.

– Сла́ва бо́гу. Я боя́лся, что я не о́чень хорошо́ говорю́ по-ру́сски, потому́ что изуча́л ру́сский язы́к то́лько два го́да.

– Ничего́. Вы говори́те по-ру́сски непло́хо.

– Спаси́бо за комплиме́нт.

– Что вы бу́дете де́лать по́сле оконча́ния ко́лледжа?

– Я пое́ду в Росси́ю продолжа́ть учи́ться ру́сскому языку́.

– Это хорошо́. Что́бы владе́ть ру́сским языко́м, на́до учи́ться в само́й Росси́и.

– Я согла́сен с ва́ми.

– Я хоте́л бы ещё раз уви́деться с ва́ми в Росси́и.

– И я то́же. Счастли́вого пути́!

– Успе́хов вам в изуче́нии ру́сского языка́.

– 저의 가이드가 경주를 이해하시는데 도움이 되었길 바랍니다. 세르게이씨.

– 매우 도움이 되었어요. 고맙습니다.

– 다행이네요. 전 러시아어를 배운지 2년밖에 되질 않아 러시아어가 서툴러 무척 걱정했어요.

– 아니예요. 러시아어를 잘 하시던데요.

– 칭찬해 주셔서 고맙습니다.

– 학교 졸업하시면 무엇을 할 계획인가요?

– 러시아어 공부를 계속하러 러시아에 갈 계획입니다.

– 잘 됐군요. 러시아어를 완벽하게 구사하려면 러시아에 가서 공부해야 해요.

– 맞는 말씀이예요.

– 러시아에서 다시 한번 뵈었으면 좋겠네요.

– 저도요. 즐거운 여행 되세요.

– 당신도 러시아어 공부에 많은 발전이 있기를 바랍니다.

새 단어(новые слова)

по́мощь	도움, 원조(여)
не сто́ит благода́рности	감사해 할 필요 없다
любе́зный, ая, ое, ые	친절한(형)
за э́ти дни	최근에
тра́тить(완, потра́тить)(2) (тра́чу, тра́тишь, тра́тра́тим, тра́тите, тра́тят)	
	허비하다, 낭비하다
испы́тывать(완, испыта́ть)(1) (испы́тываю, испы́тываешь, испы́тывает, испы́тываем, испы́тываете, испы́тывают)	
	체험하다, 겪다
тру́дность	어려움, 난관(여)
сла́бый, ая, ое, ые	약한(형)
проси́ть(불완, 2) (прошу́, про́сишь, про́сит, про́сим, про́сите, про́сят)	
	청하다, 요청하다(완, попроси́ть)
извине́ние	용서(중)
уви́деться(완, 2) (уви́жусь, уви́дишься, уви́дится, уви́димся, уви́дитесь, уви́дятся)	
	~와 만나다 (с + 조격, 불완 увида́ться)
в сле́дующий раз	다음 번에
наде́яться(불완, 1) (наде́юсь, наде́ешься, наде́ется, наде́емся, наде́етесь, наде́ются)	
	바라다, 기원하다 (на + 대격)
поня́ть(완, 1) (пойму́, поймёшь, поймёт, поймём, поймёте, пойму́т)	
	이해하다(불완, понима́ть)
сла́ва бо́гу	다행이다, 다행스럽다
боя́ться(불완, 2) (бою́сь, бои́шься, бои́тся, бои́мся, бои́тесь, боя́тся)	
	두려워하다 (+ 생격)
комплиме́нт	칭찬, 찬사(남)
оконча́ние	종료, 마침(중)

ко́лледж	단과대학(남)
продолжа́ть(불완, 1) (продолжа́ю, продолжа́ешь, продолжа́ет, продолжа́ем, продолжа́ете, продолжа́ют)	계속하다(완, продо́лжить)
владе́ть(불완, 1) (владе́ю, владе́ешь, владе́ет, владе́ем, владе́ете, владе́ют)	소유하다, 유창하게 구사하다(＋조격)
сам, сама́(여), само́(중), са́ми(복)	자기자신(정대명사)
согла́сный, ая, ое, ые	동의하는, 일치하는(형)
на учёбе	수업에서, 학업에서

🌸 문법(грамматика)

1. 형용사의 격변화

☞ 형용사의 주된 기능은 명사를 수식하는 정어적 기능이므로 명사와 동일한 성(남성, 여성, 중성), 수(단수, 복수), 격(6격)을 지닌다.

☞ 남성형용사의 대격과 복수형의 대격은 수식하는 명사에 의해 결정되는데, 수식하는 명사가 활동체일 경우는 대격어미가 생격 어미와 동일하며, 불활동체일 경우에는 주격어미와 동일하다.

☞ 연변화 형용사의 격변화 어미는 어미를 구성하는 첫 번째 모음이 모두 경변화 어미의 경모음에 대응하는 연모음으로 구성되어 있다.

	주격	생격	여격	대격	조격	전치격
경변화 남성	-ый (-ой)	-ого	-ому	주/생	-ым	-ом
경변화 여성	-ая	-ой	-ой	-ую	-ой	-ой
경변화 중성	-ое	-ого	-ому	-ое	-ым	-ом
경변화 복수	-ые	-ых	-ым	주/생	-ыми	-ых
연변화 남성	-ий	-его	-ему	주/생	-им	-ем
연변화 여성	-яя	-ей	-ей	-юю	-ей	-ей
연변화 중성	-ее	-его	-ему	-ее	-им	-ем
연변화 복수	-ие	-их	-им	주/생	-ими	-их

예) Я хочу́ купи́ть кра́сную ру́чку.   나는 붉은색 펜을 사고 싶다.

Мы хоти́м жить в хоро́шем до́ме.   우리는 좋은 집에서 살고 싶다.

Я люблю́ э́ту краси́вую де́вушку.   나는 이 아름다운 아가씨를 사랑한다.

Я ви́дел высо́ких молоды́х люде́й.   나는 키큰 젊은이들을 보았다.

Я люблю́ моего́ ста́рого дру́га.   나는 나의 오랜 친구를 사랑한다.

Они́ е́дут домо́й на большо́й бе́лой маши́не.

그들은 큰 흰색 자동차를 타고 집으로 가고 있다.

Она́ лю́бит писа́ть чёрной ру́чкой.

그녀는 검은색 펜으로 쓰는걸 좋아한다.

Я ча́сто обе́даю в э́том ста́ром кита́йском рестора́не.

나는 자주 이 오래된 중국 식당에서 식사를 한다.

Мой друг интересу́ется ру́сской литерату́рой.

내 친구는 러시아 문학에 관심이 있다.

* 의문대명사 како́й, кака́я, како́е, каки́е는 형용사 경변화 어미와 동일하
   나 정자법 규칙에 의해 ы가 올 수 없고 대신 и가 온다.

2. 인칭소유대명사 / 지시대명사의 격변화

1) 인칭소유대명사

☞ 인칭소유대명사의 격변화 어미는 연변화 형용사 어미와 동일하다.

	주격	생격	여격	대격	조격	전치격
1인칭 남성	мой	моего́	моему́	주/생	мои́м	моём
1인칭 여성	моя́	мое́й	мое́й	мою́	мое́й	мое́й
1인칭 중성	моё	моего́	моему́	моё	мои́м	моём
1인칭 복수	мои́	мои́х	мои́м	주/생	мои́ми	мои́х
2인칭 남성	твой	твоего́	твоему́	주/생	твои́м	твоём
2인칭 여성	твоя́	твое́й	твое́й	твою́	твое́й	твое́й
3인칭 중성	твоё	твоего́	твоему́	твоё	твои́м	твоём
3인칭 복수	твои́	твои́х	твои́м	주/생	твои́ми	твои́х

2) 지시대명사

☞ 지시대명사는 혼합변화를 한다.

☞ этот － эта － это － эти   이 ~

　　тот － та － то － те   저 ~

주격	생격	여격	대격	조격	전치격
э́тот	э́того	э́тому	주/생	э́тим	э́том
э́та	э́той	э́той	э́ту	э́той	э́той
э́то	э́того	э́тому	э́то	э́тим	этом
э́ти	э́тих	э́тим	주/생	э́тими	э́тих
тот	того́	тому́	주/생	тем	том
та	той	той	ту	той	той
то	того́	тому́	то	тем	том
те	тех	тем	주/생	те́ми	тех

3. 형용사 단어미 형태와 용법

☞ 대부분의 형용사는 장어미형과 단어미형을 가지고 있다.

1) 형용사의 장어미형은 한정어(수식어)나 술어로 사용된다.

Моя́ ста́рая ба́бушка.　　　　나의 나이 든 할머니 (한정어)

Моя́ ба́бушка ста́рая.　　　　나의 할머니는 나이가 드셨다. (술어)

2) 형용사의 단어미형은 술어로만 사용된다.

Сего́дня она́ краси́ва.　　　　오늘 그녀는 아름답다.

Эти кни́ги инте́ресны　　　　이 책들은 재미있다.

(1) 형용사 단어미형 만드는 방법

☞ 형용사 어미를 없애고 성과 수에 따른 단어미를 붙인다. 남성형은 어미가 없고, 여성형은 −а, 중성형은 −о, 복수형 어미 −ы이다.

	장어미형	단어미형
남성	здоро́вый	здоро́в
여성	здоро́вая	здоро́ва
중성	здоро́вое	здоро́во
복수	здоро́вые	здоро́вы

☞ 형용사 단어미형 복수의 경우, 복수형의 어미 앞에 ж, ч, ш, щ나 г, к, х가 있을 경우 복수어미는 −и가 된다.

	장어미형	단어미형	
복수	хоро́ший	хоро́ши́	'좋은'
복수	широ́кий	широ́ки	'넓은'

☞ 형용사 장어미형에서 어미 앞에 두 개의 자음이 겹쳐지는 경우, 남성 단어미형은 두 개 자음 사이에 보통 −е−(또는 −о−, −ё−)를 삽입한다.

	장어미형	단어미형	
남성	интере́сный	интере́сен	'재미있는'
남성	голо́дный	го́лоден	'굶주린, 배고픈'
남성	у́мный	умён	'현명한'
남성	лёгкий	лёгок	'가벼운'

(2) 형용사의 장어미형 술어와 단어미형 술어의 의미상의 차이

형용사 장어미 - 항구적이고 영속적인 속성을 표시

형용사 단어미 - 일시적이고 제한된 속성을 표시

예) Она́ весёлая. 그녀는 (항상) 활달하다.

　　Она́ весела́ в шко́ле. 그녀는 학교에서 활달하다.

(3) '기쁘다, 즐겁다'의 의미인 형용사 рад, ра́да, ра́до, ра́ды의 경우 단어미 형태
　　만 존재하고 장어미가 없다.

4. 형용사의 비교급

☞ 비교급에는 합성식 비교급과 단일식 비교급이 있다.

1) 합성식 비교급

> бо́лее + 형용사 원급: 　더욱 ~한 (우등비교)

менее + 형용사 원급: 　　　　　　덜 ~한 (열등비교)

예) бо́лее краси́вый дом. 　　　　　더 아름다운 집

　　бо́лее интере́сная кни́га. 　　더 재미있는 책

　　бо́лее краси́вая де́вушка. 　　더 아름다운 아가씨

　　ме́нее интере́сный кинофи́льм. 　덜 재미있는 영화

　　ме́нее краси́вая де́вушка. 　　덜 이쁜 아가씨

* 비교대상의 표현

　비교대상은 , чем의 형태로 표시한다.

　예) Эта кни́га бо́лее интере́сна, чем та́.

　　　이 책은 저 책보다 더 재미있다.

　　　Их друзья́ бо́лее приле́жные, чем мой.

　　　그의 친구들은 내 친구들보다 더 부지런하다.

2) 단일식 비교급

> 형용사 어간 + 접미사 -ee (규칙형)

예) краси́вый 아름다운 　　　краси́вее 　　　더 아름다운

　　си́льный 강한 　　　сильне́е 　　　더 강한

холо́дный	추운	холодне́е	더 추운
интере́сный	흥미로운	интере́снее	더 흥미로운
приле́жный	부지런한	приле́жнее	더 부지런한
кра́сный	붉은	красне́е	더 붉은

> 형용사 어간 + 접미사 −e (비교급에서 자음교체를 일으키는 형용사)

예)

дешёвый	값싼	деше́вле	더 싼
дорого́й	값비싼	доро́же	더 비싼
молодо́й	젊은	моло́же	더 젊은
гро́мкий	큰소리의	гро́мче	더 큰소리의
просто́й	평범한	про́ще	더 평범한
чи́стый	깨끗한	чи́ще	더 깨끗한
ти́хий	조용한	ти́ше	더 조용한
глубо́кий	깊은	глу́бже	더 깊은
бога́тый	부유한	бога́че	더 부유한
мя́гкий	부드러운	мя́гче	더 부드러운

* 단일식 비교급 형태의 비교 대상은 чем 대신에 명사 생격형으로 표현될 수도 있다.

예) Эта кни́га бо́лее интере́сная, чем та.

Эта кни́га интересне́е той.

이 책은 저 책보다 더 재미있다.

Он бо́лее приле́жный, чем я.

Он прилежне́е меня́.

그는 나보다 더 부지런하다.

5. 최상급

☞ 최상급에는 합성식과 단일식이 있다.

1) 합성식 최상급

> са́мый, −ая, −ое, −ые + 형용사 원급

예) Он са́мый хоро́ший студе́нт. 그는 가장 좋은 학생이다.

Она́ са́мая краси́вая де́вушка. 그녀는 가장 아름다운 아가씨이다.

Он мой са́мый бли́зкий друг. 그는 나의 가장 가까운 친구이다.

Это са́мая популя́рная пе́сня. 이것은 가장 인기있는 노래이다.

2) 단일식 최상급

> 형용사 어간 + −ейший, −ая, −ее, −ие

예) ва́жный   важне́йший   '가장 중요한'

но́вый   нове́йший   '최신의'

си́льный   сильне́йший   '가장 강한'

кру́пный   крупне́йший   '가장 큰'

☞ 단일식 최상급에서 형용사 어간이 연구개음 к, г, х로 끝날 경우는 최상급 어미 앞에서 자음 к, г, х는 각각 ч, ж, ш로 전환되고, 최상급 어미 −ейш− 또한 −айш−로 바뀐다.

예) высо́кий   высоча́йший   '가장 높은'

ти́хий   тиша́йший   '가장 조용한'

стро́гий   строжа́йший   '가장 엄한'

🏮 표현암기

1) 감사(благодарность)와 사과(извинение)

(1) 감사의 표현

(большо́е) спаси́бо.

Благодарю́ вас.

Я о́чень благода́рен.

Я о́чень призна́телен.

Я выража́ю вам благода́рность.

(2) 사과의 표현

Извини́те!

Прошу́ проще́ния.

Я винова́т.

Прости́те!

2) 수 / 양 표현

мно́го	많이
ма́ло	적게
немно́го	많지않게
нема́ло	적지않게
большинство́	다수
меньшинство́	소수
бо́льше	더 많이
ме́ньше	더 적게
ско́лько	얼만큼
сто́лько	그만큼
доста́точно	충분히

연습문제(упражнения)

1) 아래의 형용사와 명사들을 6격으로 변화시키시오.

　　가. но́вый дом

　　나. но́вая кни́га

　　다. но́вое окно́

　　라. си́ний костю́м

　　마. си́няя маши́на

　　바. си́нее зда́ние

2) 아래의 지시대명사와 명사를 6격으로 변화시키시오.

　　가. э́тот челове́к

　　나. э́та де́вушка

　　다. э́то письмо́

　　라. тот стол

　　마. та ла́мпа

　　바. то перо́

3) 아래 인칭소유대명사와 명사를 6격으로 변화시키시오.

　　가. мой люби́мый друг

　　나. моя́ люби́мая кни́га

　　다. моё люби́мое общежи́тие

　　라. твой хоро́ший друг

　　마. твоя́ хоро́шая ма́ма

　　바. твоё хоро́шее письмо́

4) 아래의 비교급 문장을 러시아어로 옮기시오.

　　가. 그는 나보다 더 키가 크다.

나. 그녀는 내 여자친구보다 덜 아름답다.

다. 내 친구는 나보다 더 부지런하다.

라. 나의 어머니는 너희 아버지보다 3살 어려.

마. 나는 그녀보다 5살 많다.

5) 아래의 최상급 문장을 러시아어로 옮기시오.

가. 그는 내가 제일 좋아하는 친구이다.

나. 세상에서 가장 큰 호수는 바이칼(Байкал)이다.

다. 그녀는 우리 학교에서 가장 예쁜 여대생이다.

라. 이것은 이 레스토랑에서 가장 맛있는 음식이다.

마. 내가 가장 좋아하는 계절은 가을이다.

바. 이것은 한국에서 제일 높은 건물이다.

6) 아래의 문장들을 러시아어로 옮기시오.

(1) − 김 선생님! 도와주셔서 감사합니다. 큰 도움이 되었습니다.

　　− 별말씀을. 당신과 함께 보내게 되어 즐거웠습니다.

　　− 다음에 기회가 되면 다시 만나고 싶군요.

　　− 저도 그렇습니다. 즐거운 여행이 되시길 바랍니다.

　　− 고맙습니다. 안녕히 계세요.

(2) − 저의 안내가 도움이 되었길 바랍니다.

　　− 예, 정말 큰 도움이 되었습니다. 감사합니다.

　　− 별말씀을. 아직 러시아어가 서툰데요.

　　− 아닙니다. 러시아어를 잘 하시던데요.

　　− 칭찬해 주셔서 감사합니다.

　　− 졸업 후엔 뭘 하실 겁니까?

　　− 회사에 취업하고 싶습니다. (поступи́ть на рабо́ту.)

　　− 성공하시길 바랍니다.

　　− 고맙습니다. 즐거운 여행되시길 바랍니다.

연습문제 해답

제1과

4) дом, мама, пńапа, письмо́, рука́, газéта, кни́га, ла́мпа

5) б, в, г, д, ж, з, й, л, м, н, р

6) к, п, с, т, ф, х, ц, ч, ш, щ

7) а, э, ы, о, у

8) я, е, и, ё, ю

제2과

2) − До́брое у́тро, Ко́ля!

  − Приве́т, Минсу! Как дела́?

  − Спаси́бо, хорошо́, А у тебя́?

  − То́же хорошо́, спаси́бо.

  − Пока́, Ко́ля!

  − Пока́!

5) Ко́ля, Серёжа, Воло́дя, Ва́ня, Са́ша, Ми́ша, Ми́тя, А́ня

🏵 제3과

1) 가. Да, э́то су́мка.

   나. Да, э́то часы́.

   다. Да, э́то мой стол.

   라. Да, э́то студе́нт.

   마. Да, э́то его́ стол.

2) 가. Нет, э́то не кни́га.

   나. Нет, э́то не ка́рта.

   다. Нет, э́то не моя́ ма́ма.

   라. Нет, э́то не моё письмо́.

   마. Нет, э́то не её маши́на.

3) 가. – Это ка́рта?   – Да, э́то ка́рта.

   나. – Кака́я э́то ка́рта?   – Это ка́рта Коре́и.

   다. – Вы студе́нт?   – Нет, я не студе́нт, а учи́тель.

   라. – Кто э́то?   – Это мой па́па и моя́ ма́ма.

   마. – Что э́то?   – Это стол и стул.

   바. – Это ва́ше письмо́?   – Нет, э́то моё письмо́, а его́ (письмо́).

   사. – Это твой друг?   – Нет, э́то его́ друг.

🏵 제4과

2) меня, тебя, его, её, нас, вас, их

3) 가. Я люблю́ вас.

   나. Он хорошо́ понима́ет меня́.

   다. Мы хорошо́ зна́ем его́.

라. Она́ хорошо́ слу́шает меня́.

마. Слу́шаю вас.

4) Газе́ты, словари́, кни́ги, моря́, друзья́, пи́сьма́, ма́тери, дома́, но́чи, времена́, сыновья́, лю́ди, трамва́и

5) (1) 안녕하세요. 만나서 반갑습니다. 제 이름은 박수원입니다. 나는 학생입니다. 나는 대학교에서 공부하고 있어요. 나는 23살입니다.

   (2) 당신에게 내 친구를 소개하겠습니다. 이름은 김민수입니다. 회사에서 일하고 있고 나이는 26세입니다. 그에게는 아내와 아들이 있어요.

6) (1) - Здра́вствуйте? Очень прия́тно. Меня́ зову́т Ким Ми Су. Как вас зову́т?

   - Меня́ зову́т Серге́й. Рад вас ви́деть.

   - Я студе́нт. Вы то́же студе́нт?

   - Да, я то́же студе́нт.

   - Вы впервы́е в Коре́е?

   - Да, впе́рвые.

   - На ско́лько дней вы бу́дете в Коре́е.

   - На три дня.

   - Счастли́вого пути́.

   - Спаси́бо.

제5과

3) 가. Это но́вая нкни́га.

   나. Он мой хоро́ший друг.

   다. Это наш но́вый учи́тель.

   라. Она́ краси́вая де́вушка.

   마. Све́жая осе́нняя пого́да.

   바. Это о́чень ста́рая шко́ла.

사. Мой па́па стро́гий, но он до́брый.

아. Мой дом большо́й.

4) 가. Я люблю́ ма́му и ба́бушку.

나. Она́ ку́пит кни́гу.

다. Они́ чита́ют газе́ту.

라. Он лю́бит бра́та и сестру́

5) 가. Ему́ нра́влюсь я.

나. Мне нра́вится он.

다. Нам нра́вится но́вая кни́га.

라. Ей нра́вится он(тот мужчи́на).

마. Им нра́вится но́вый студе́нт.

바. Тебе́ нра́вится пода́рок?

6) — Я бо́льше всего́ люблю́ весну́. Потому́ что весно́й тепло́ и расцвета́ют цве́ты.

— Я не о́чень люблю́ ле́то. Потому́ что жа́рко. Но ле́том мо́жно купа́ться.

— Осенью прохла́дно и стои́т хоро́шая пого́да. Поэ́тому нра́вится и о́сень.

— Я люблю́ снег. Но не люблю́ зи́му. Потому́ что зимо́й сли́шком хо́лодно.

🌸 제6과

2) 가. Кто,   나. Когда́   다. Где,   라. Что,

마. Как,   바. Почему́,   사. Како́й,   아. ско́лько

3) 가. Како́е у вас люби́мое заня́тие(хо́бби)?

나. Когда́ вы отдыха́ете?

다. Где вы учи́тесь?

라. Что вы чита́ете сейча́с?

마. Как он говори́т по—ру́сски?

바. Ско́лько вы получа́ете в ме́сяц?

사. Кто спит в ко́мнате?

아. Почему́ сего́дня вы вста́ли по́здно?

4) Я люблю́ слу́шать му́зыку. Обы́чно я слу́шаю му́ызку до́ма. И о́чень люблю́ компью́терные и́гры. Когда́ у меня́ свобо́дное вре́мя я хожу́ в кинотеа́тр. Потому́ что я о́чень люблю́ смотре́ть кинофи́льмы. Моя́ подру́га лю́бит де́лать поку́пки. И она́ лю́бит гуля́ть. Поэ́тому когда́ у нас свобо́дное вре́мя мы гуля́ем вме́сте.

🌀 제7과

1) 가. −Чья э́то маши́на? −Это его́ маши́на.

나. −Чей э́то друг? −Это их друг.

다. − Чья э́то кни́га? −Это её кни́га.

라. −Чей э́то дом? −Это наш дом.

마. −Чьё э́то письмо́? −Это твоё письмо́

3) У меня́ в семье(в мое́й семье́) пя́теро: оте́ц, мать, брат, сестра́ и я. Оте́ц рабо́тает на фи́рме, а мать − домохозя́йка. Брат − студе́нт, а сестра́ рабо́тает в компа́нии. Я то́же студе́нт. Я о́чень люблю́ мою́ семью́

🌀 제8과

2) 가. Вчера́ бы́ло воскресе́нье.

나. Сего́дня суббо́та.

다. Сле́дующий ме́сяц − ию́ль.

라. Сейча́с две ты́сячи четы́рнадцатый год.

마. Какой день был вчера?

바. Ско́ро начнётся сентя́брь.

사. Когда́ начну́тся зи́мние кани́кулы?

아. Како́е сего́дня число́?

자. Сего́дня деся́тое декабря две ты́сячи трина́дцатого го́да.

차. Ско́лько ей лет?

카. Он ста́рше меня́ на во́семь лет.

🍵 제9과

1) 가. Здесь мо́жно кури́ть?

나. За́втра тебе́ на́до встать ра́но.

다. Где мо́жно отдыха́ть?

라. Ему́ нельзя́ кури́ть

마. Где мо́жно купи́ть кни́ги?

2) 가. Этим ле́том я собира́юсь путеше́ствовать.

나. Он уме́ет пла́вать.

다. Когда́ я могу́ люби́ть вас?

라. Они́ хотя́т пое́хать в Росси́ю.

마. Я могу́ де́лать э́то.

3) 가. Извини́те, пожа́луйста. Где нахо́туале́т?

나. Извините, пожа́луйста. Вы можете говори́ть по-ру́сски?

다. Помоги́те мне, пожа́луйста.

라. Да́йте мне во́ду, пожалуйста.

4) （1） ─ Что с ва́ми?

─ Я пло́хо чу́вствую себя́

─ Что у вас боли́т?

─ У меня́ боли́т голова́. У меня́ температу́ра и ка́шель.

─ Наве́рно, вы простуди́лись?

─ Пожа́луй, да.

─ Вы принима́ли лека́рство?

─ Нет, я не зна́ю, где нахо́дится апте́ка.

─ У меня́ есть вре́мя. Я могу́ вам помо́чь.

─ Спаси́бо, вам.

─ Пожа́луйста.

（2） ─ Извини́те, пожа́луйста.

─ В чём де́ло?

─ Где нахо́дится поликли́ника?

─ Поликли́ника нахо́дится там. А что у вас боли́т?

─ У меня боли́т живо́т. Вы можете помогать мне?

─ Да, я могу́

─ Спаси́бо большо́е.

─ Не́ за что.

🐾 제10과

1) 가. Вчера́ я чита́л кни́гу це́лый день.

나. Позавчера́ мы смотре́ли интере́сный фильм в кинотеа́тре.

다. Анна, ты уже́ поу́жинала?

라. Он верну́лся из Росси́и не́сколько дней наза́д.

마. Мы с дру́гом смотре́ли телеви́зор и болта́ли до́ма.

2) 가. За́втра мы бу́дем смотре́ть но́вый фильм.

   나. На ле́тних кани́кулах я бу́ду отдыха́ть на мо́ре.

   다. За́втра мы с дру́гом бу́дем учи́ться в библиоте́ке.

   라. На зи́мних кани́кулах она́ бу́дет рабо́тать в кафе́.

   마. На сле́дующей неде́ле он бу́дет путеше́ствовать по стра́не.

3) 가. У меня́ есть хоро́ший друг.

   나. Что вы мо́жете де́лать для меня́?

   다. От Сеу́ла до Инчона недалеко́.

   라. Я прие́хал из Коре́и.

   마. (На)про́тив на́шего до́ма нахо́дится больша́я апте́ка.

   바. По́сле уро́ка мы игра́ли в футбо́л.

4) 가. Я гуля́ю по э́той доро́ге.

   나. Сейча́с я иду́ к учи́телю.

   다. Благодаря́ дру́гу я мог(ла) ко́нчить э́ту рабо́ту.

   라. По просьбе брата я купил торт.

5) 가. Мы сейча́с идём в шко́лу.

   나. За́втра я пое́ду на экску́рсию.

   다. Он доду́мал про себя́.

   라. Спаси́бо за сове́т.

6) 가. Я хочу́ познако́миться с ним.

   나. За мной следи́т незнако́мый челове́к.

   다. Пе́ред на́ми стои́т больша́я соба́ка.

   라. Ме́жду на́ми нет пробле́мы.

   마. Самолёт лети́т над о́блаком.

   바. Мой друг си́дит де́ревом.

7) 가. О чём вы ду́маете?

   나. Всегда́ я ду́маю о вас.

   다. Я живу́ в большо́м и ую́тном до́ме.

라. При университе́те есть студе́нческая столо́вая.

마. Вчера́ мы бы́ли на ве́чере.

8) (1) - Серге́й, у вас что-нибудь прия́тное сего́дня?

- Да. У меня́ сего́дня встре́ча с де́вушкой.

- Ах, да. Что вы бу́дете де́лать?

- Мы бу́дем смотре́ть спекта́кль.

- Очень зави́дую вам.

(2) - Господи́н Ким Мин Су, что с ва́ми?

- Да. Сего́дня я расста́лся с подру́гой.

- Бо́же мой! Жаль.

- Мне о́чень гру́стно.

- Дава́йте пойдём со мно́й. Я угощу́ вам пи́вом.

- Спаси́бо, но я хочу́ отдыха́ть до́ма.

9) 가. Сего́дня мне о́чень гру́стно.

나. Что с вами? Вы вы́глядите о́чень больны́м.

다. Мой друг вы́глядит счастли́вым.

라. Про́сто ужа́сно!

마. Удиви́тельно!

🌼 제11과

1) 가. - Я иду́ в библиоте́ку.

나. - Я е́здил(а) на конце́рт.

다. - Он рабо́тает на заво́де.

라. - На ле́тних кани́кулах я хочу́ пое́хать в Росси́ю.

마. - На о́тпуске отдыха́л(а) на да́че.

바. - Вчера́ ве́чером я е́здил(а) в музе́й.

3) 가. хо́дишь   너는 매일 어디를 다니니?

　　나. хо́дит   그는 강의에 아주 가끔 온다.

　　다. хо́дит   네 동생이 벌써 학교에 다니니?

　　라. хожу́   나는 매일 학교를 걸어서 다닌다.

　　마. хо́дят   그들은 자주 공원에 다닌다.

4) 가. Инсу е́здит в шко́лу на авто́бусе.

　　나. Мы до́лго ходи́ли по ле́су.

　　다. На ле́тних кани́кулах мы е́здили на Чёрное мо́ре.

　　라. Мой оте́ц е́здит на фи́рму на метро́.

　　마. Сейчас я иду́ в библиоте́ку.

　　바. Они́ е́здили по го́роду на авто́бусе.

　　사. Мой брат идёт в магази́н за хле́бом.

　　아. Сейча́с они́ иду́т гуля́ть в парк.

　　자. За́втра мы с дру́гом пое́дем в теа́тр.

🌸 제12과

2) 가. Мы до́лго смотре́ли телеви́зор.

　　나. Я реша́л(а) вопро́сы два часа́.

　　다. Мы прие́хали на вокза́л за час.

　　라. Около касс мы ждали его́ мину́т три́дцать.

　　마. Наконе́ц он сде́лал зада́ние.

　　바. Когда́ оте́ц чита́ет газе́ту, мать гото́вит обе́д.

　　사. Сего́дня ве́чером я прочита́ э́ту кни́гу.

　　아. За́втра я пойду́ в кинотеа́тр.

　　자. Сейча́с он спи́т в ко́мнате.

　　차. Че́рез год я собира́юсь пое́хать в Росси́ю.

가. Когда мы шли домо́й, шёл дождь.

3) 가. Чита́йте кни́гу гро́мко!

나. Иди́ туда́!

다. Помоги́те, пожа́луйста!

라. Слуша́йте внима́тельно!

마. Спроси́те у ги́да!

바. Дава́йте пойдём вме́сте!

사. Попьём пи́во сего́дня ве́чером!

아. Дава́йте посмо́треть фильм вме́сте!

자. Пусть он сде́лает дома́шнее зада́ние!

차. Пусть он откро́ет окно́!

카. Пусть она́ отдыха́ет до́ма!

🏵 제13과

4) 가. Он вы́ше, чем я.

나. Она́ ме́нее краси́вая, чем моя́ подру́га.

다. Мой друг бо́лее приле́жный, чем я.

라. Моя́ ма́ма моло́же, чем твой оте́ц на три го́да.

마. Я ста́рше её на пять лет.

5) 가. Он мой са́мый люби́мый друг.

나. «Байка́л» – са́мое бо́льшое о́зеро в ми́ре.

다. Она́ са́мая краси́вая студе́нтка в на́шем университе́те.

라. Это са́мое вку́сное блю́до в э́том рестора́не.

마. Мой са́мый люби́мый сезо́н – о́сень.

바. Это са́мое высо́кое (высоча́йшее) зда́ние в Коре́е.

6) （1） − Господи́н Ким, спаси́бо за по́мощь. Вы мне о́чень помогли́.

  − Не сто́ит благода́рности. Мне бы́ло о́чень прия́тно с ва́ми.

  − Я хоте́л бы ещё уви́деться с ва́ми в сле́дующий раз.

  − И я то́же. Счастли́вого пути́!

  − Спаси́бо. До свида́ния!

 （2） −Я наде́юсь, что мой гид помо́г вам.

  − Да, о́чень. Спаси́бо.

  − Не́ за что. Я ещё не о́чень хорошо́ говорю́ по−ру́сски.

  − Ничего́. Вы говори́те по−ру́сски непло́хо.

  − Спаси́бо за комплиме́нт.

  − Что вы бу́дете де́лать по́сле оконча́ния институ́та?

  − Я хочу́ поступи́ть на рабо́ту.

  − Жела́ю вам успе́хов.

  − Спаси́бо. Счастли́вого путеше́ствия!

 저자 소개

■ 오 정 학

- 한국외국어대학교 노어과 졸
- 한국외국어대학교 동시통역대학원 한노과 졸
- 한국외국어대학교 일반대학원 노어과 박사 수료
- 서라벌대학 관광러시아어통역과 조교수
- 현재 백석대학교 교수

[저서] 실용러시아어작문, 호텔실무노어, 로컬가이드 러시아어,
　　　가이드와 함께 하는 러시아어 경주관광안내 등 다수

■ 구 지 현

- 경상대학교 러시아학과 졸
- 한국외국어대학교 일반대학원 노어과 박사 수료
- 현재 한국외국어대학교, 안양대학교 강사

러시아어 길라잡이

2003년 2월 15일 초 판 1쇄 발행
2018년 8월 30일 개정판 4쇄 발행

지은이 오정학 · 구지현
펴낸이 진욱상
펴낸곳 백산출판사
교 정 편집부
본문디자인 오행복
표지디자인 오정은

저자와의
합의하에
인지첩부
생략

등 록 1974년 1월 9일 제1-72호
주 소 경기도 파주시 회동길 370(백산빌딩 3층)
전 화 02-914-1621(代)
팩 스 031-955-9911
이메일 edit@ibaeksan.kr
홈페이지 www.ibaeksan.kr

ISBN 978-89-7739-517-6
값 13,000원